竞逐全球

科沃斯机器人
从中国制造到品牌创造的故事

钱丽娜 著

文汇出版社

1.
1998年,工厂第一台设备落实,钱东奇和同事讨论设备安装

2.
2003年,钱东奇回中学母校看望老师们,前排中间是物理老师

1. 2007年，钱东奇和团队在旋风吸尘器量产仪式上
2. 钱东奇和 HSR 项目成员讨论研发方案

1.
2009 年，全球首款量产地面清洁机器人地宝新闻发布会

2.
2013 年，开启地面清洁 4.0 时代的地宝 9 系新闻发布会

1.
2018年，钱东奇在科沃斯机器人上市仪式致辞

2.
2018年5月28日，科沃斯机器人上市敲钟仪式（右为钱程）

1.
2018 年，钱程参加世界机器人大会并发表演讲
2.
2018 年，科沃斯人工智能研究院（现更名人工智能工程院）揭牌，科沃斯机器人 AI 技术加速应用

1.
2018年，科沃斯首次在扫地机器人产品 DJ35 上使用 VSLAM 视觉导航技术

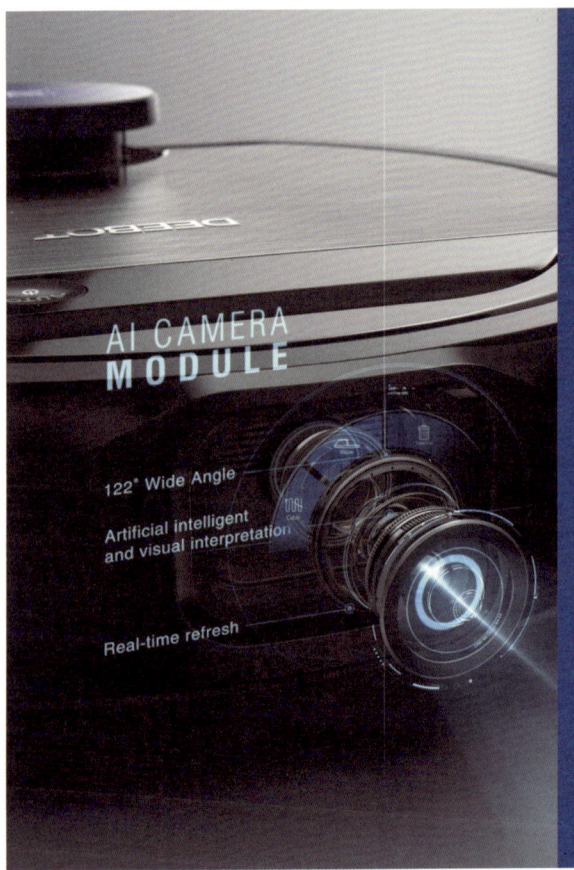

2.
2019年，科沃斯发布首款 AIVI 人工智能扫地机器人 DG70

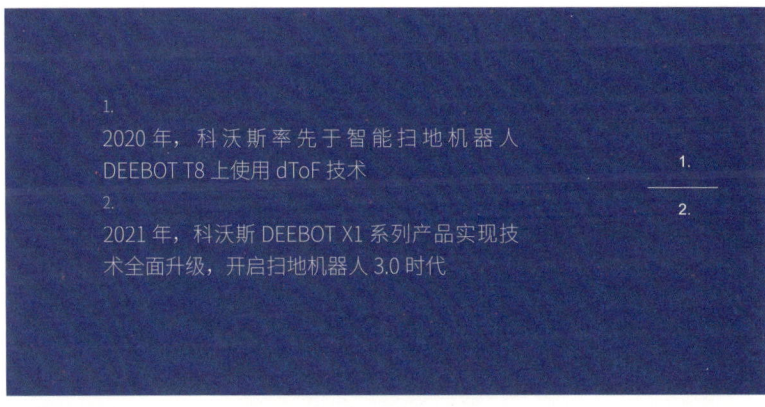

1.
2020 年,科沃斯率先于智能扫地机器人 DEEBOT T8 上使用 dToF 技术

2.
2021 年,科沃斯 DEEBOT X1 系列产品实现技术全面升级,开启扫地机器人 3.0 时代

1. 2019年，钱程在AWE推出首款AIVI人工智能和视觉识别的扫地机器人

2. 2019年12月，钱程出席"第六届机器人创想秀"，对青年学子提出期许

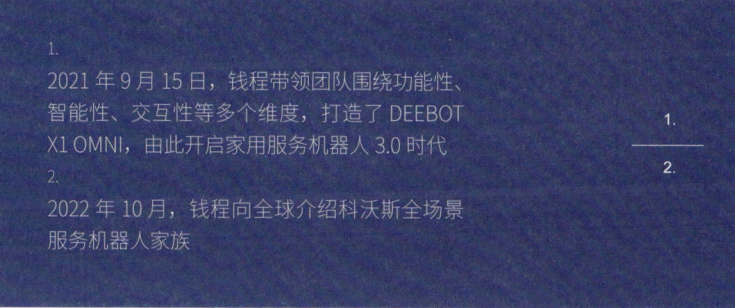

1. 2021年9月15日，钱程带领团队围绕功能性、智能性、交互性等多个维度，打造了 DEEBOT X1 OMNI，由此开启家用服务机器人 3.0 时代
2. 2022年10月，钱程向全球介绍科沃斯全场景服务机器人家族

钱程
科沃斯集团副董事长
科沃斯机器人CEO

1. 科沃斯机器人综合办公楼
2. 科沃斯中心实验室噪声实验室,用于测量及分析机器人使用中的噪声

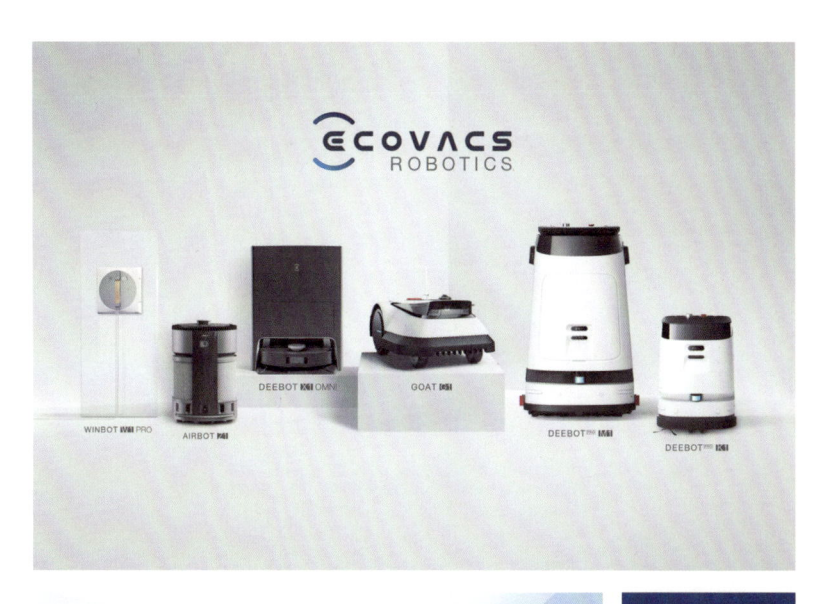

ECOVACS ROBOTICS

WINBOT W1 PRO | AIRBOT P41 | DEEBOT X1 OMNI | GOAT G1 | DEEBOT 旗舰 | DEEBOT 商用

科沃斯机器人
连续五年荣膺 BRANDZ™
中国全球化品牌50强

#19 ↑5 #2
科沃斯排名 上升 智能设备品类排名

KANTAR BRANDZ TOP 50 Chinese Global Brand Builders 2022
中国全球化品牌50强
IN ASSOCIATION WITH Google
The hottest brands & the brands to watch

1. 2022年10月，科沃斯开启全场景服务机器人新篇章
2. 科沃斯作为唯一的服务机器人品牌连续五年上榜 BrandZ 中国全球化品牌50强

ECOVACS

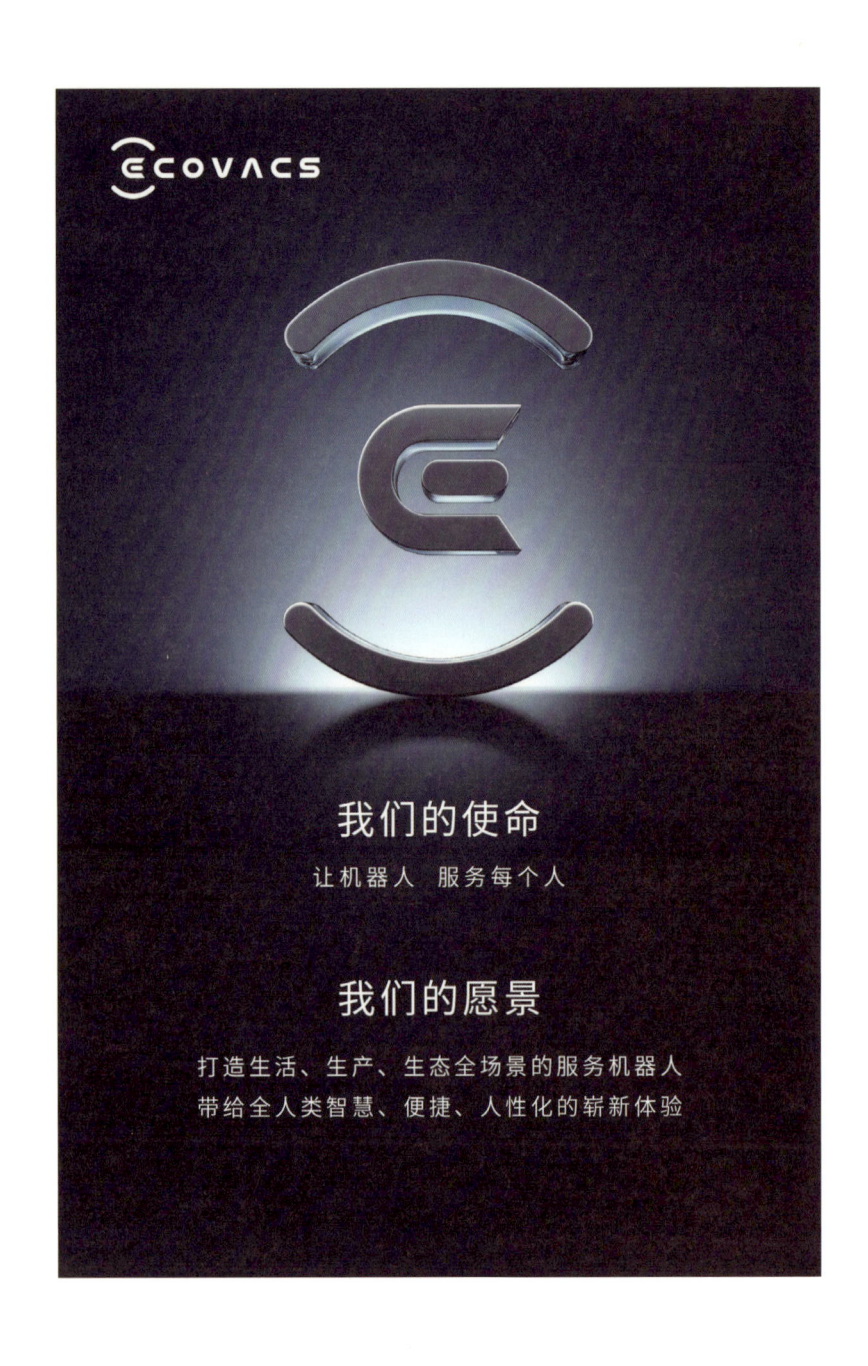

我们的使命
让机器人 服务每个人

我们的愿景
打造生活、生产、生态全场景的服务机器人
带给全人类智慧、便捷、人性化的崭新体验

2022年,科沃斯机器人发布全新品牌使命和愿景

目录

前言　1

第一章　机遇之门　1
抓住头发丝一般的机会
学会思考本质
时代的幸运儿
结缘吸尘器

第二章　创业　21
闯入制造业的门外汉
从"削皮挫骨"到脱胎换骨
从代工到创造

第三章　通往品牌之路　41
灵感的耦合
用失败验证市场
艰难探索
交了一笔学费

做单品系列还是做产品家族

破釜沉舟抢占心智第一

第四章 增长的法则——从10亿到百亿　87

突破10亿元的魔咒

寻找线上机遇

线下渠道持续裂变

客户体验：下一个增长点

从挖人才到育人才

第五章 开启全球化时代　117

磨砺

初试国际化

巧攻发达国家市场

国际化人才的烦恼

品牌与长期主义

国际化的成与败

第六章 从大公司到强公司　159

交班

挑战者来了

重塑品牌格调

勇闯"无人区"

因产品力而兴

知识产权是发展的基石

服务十六字诀

第七章　开辟第二增长曲线　207

商用服务机器人驶入蓝海

开拓增量市场，就要多那么"一点"

开启割草机器人的 2.0 时代

数字化开辟新疆域

第八章　面向未来　225

榫卯文化与企业使命

达善社会

走向星辰大海

写在最后

后记　249

创始人精神

前　言

几年前，在美国一年一度的国际消费类电子产品展览会（International Consumer Electronics Show，简称 CES）上，钱东奇第一次与仰慕已久的老对手——iRobot 创始人科林·安格尔（Colin Angle）会面。

2000 年，钱东奇与科林分别在中国苏州和美国波士顿，在相隔万里的空域中，竟然不约而同地要去发明扫地机器人。

奇妙的是，原本两颗独立生长的种子，在全球化的浪潮中开始发生交集。后来，在一些国家和地区，科沃斯和 iRobot 甚至成了激烈交锋的竞争对手。

交锋至此，此时才第一次见面，可谓"过往多少事，一杯咖啡喜相逢"。

钱东奇比科林先行抵达咖啡馆，不一会儿，科林背着包出现在咖啡馆门口。钱东奇一眼看到他时，第一反应是科林像个大学教师，一脸的专注，笑起来还有些腼腆。

钱东奇对这位倾慕多年的竞争对手，早有亦师亦友之情。他说过："iRobot 的前面几代产品，我认为站在我们的角度，它令人高山仰止,我们在很多事情上做得都不如它,它是这个行业的老大。"

直到2020年3月,科沃斯地宝T8家族上市,钱东奇才认为,科沃斯的技术追平了iRobot,并且从那之后科沃斯发展出更多的技术。在这个转折点上,钱东奇颇为感触的是:"此前iRobot做的技术都是非常超前的,但是后来,科沃斯学习消化的能力和反应速度展示了中国企业特有的创新能力。"

两位创业者,因为都想做点有意思的事,从不同的路径出发,最终在CES展上交汇。

科沃斯起步于吸尘器代工,但钱东奇的灵感并非来自地面清洁,而是哈尔滨工业大学的机器人足球赛。钱东奇看到这则报道时的第一反应是:机器人都可以踢足球了,把吸尘器装到机器人身上,不也可以做清洁吗?

iRobot的创始团队则是技术极客出身,创始人来自美国麻省理工学院(MIT),玩各种机器人发明。虽然双方的起始点不同,但是凭借各自跳跃性的思维,终究还是殊途同归。

两个人不仅在商业路径上想到了一块儿,就连扫地机器人初期要达到的技术目标也高度一致。

钱东奇认为,机器人首先要感知环境,其次是对环境的分析理解和认知,第三是基于环境认知做有目的的运动。在完成这些任务时,机器人能够对环境做出自主判断,而不是由程序来提前设定规定动作。

科林则是在昆虫身上找到了机器人的灵感。他发现,昆虫的大脑虽然简单，但是它们在真实世界行走时却是灵活自如的。智能机器人也应该具有这种灵活性，不能依赖超级计算机做提前编程，按步骤告诉机器人做什么。

两个有趣的灵魂，隔着太平洋，想法如出一辙。他们是企业家，也是创想家，无论是做商业还是搞科研，都会本能地回归对问题本质的思考和探究上，不谋而合是一种偶然，但也是英雄所见略同式的必然。

科沃斯与 iRobot 的这一段奇妙相遇，背后是中国制造实力的证明。

钱东奇自始至终都敬重这位老对手，但是也绝不看轻自己的实力。他对中国制造的态度是如此的斩钉截铁："我认为中国企业如果真正愿意沉下心来做一件事，那么在全球就是无敌的。"

今天科沃斯的故事，其实是中国在全球化之路中，众多"微型"冠军、"隐形"冠军的故事之一。

当中国进入中等收入国家行列后，原有的劳动力成本优势不再，在高层次产业的发展中又遇到发达国家的挑战，从而面临"比较优势断档风险"①。在前期发展中，中国的产业多投资于发达国家已经验证的产业领域，因而容易导致产能过剩。

发达国家企业拥有品牌优势和技术优势，它们能够掌握价值链和供应链，形成产业集中效应，这使得一直处于中低

---

① 张其仔.比较优势的演化与中国产业升级路径的选择[J].中国工业经济，2008（9）.

端的中国产业,若想进入高附加值的领域,空间极为有限。

科沃斯在制造领域筚路蓝缕一路向前,从"微笑曲线"的最底端出发,在反思代工业的弊端后,2006年启动自主品牌战略。在简陋的环境中,科沃斯一步一步地夯实能力,既不妄自菲薄,也不骄傲自满,而是将实现技术进步、提升产品附加值作为目标,通过自建产业链和价值链,从而摆脱关键技术被他人牵制的局面。

与此同时,科沃斯又以尊重科学、尊重知识产权、尊重人才的发展方式,拥有了制造复杂产品的能力,也拥有了与全球顶尖高手平起平坐进行谈判的资格。经济学家通常认为——产品的复杂程度预言了一个国家未来的经济增长[①]。

作为一家中国企业,科沃斯的成长还打破了从0到1原创的魔咒,它凭借自主知识产权一路突破竞争对手的围堵,直至闯入技术无人区,成为全球扫地机器人的技术标杆,并且因其成功的全球化战略,连续五年上榜中国全球化品牌50强。

2023年是科沃斯成立25周年。2019年,钱东奇已经将科沃斯的未来交到了儿子钱程手中。令他欣慰的是,钱程针对商业和技术的突破能力,给科沃斯带来了勃勃生机。

"让机器人,服务每个人"是钱程的梦想。千里虽远,或迟,或速,或先,或后,然而终究是行将必至。

---

① 张其仔,原磊,刘昶,伍业君,李颢.产业竞争优势转型:国际趋势与中国面临的挑战[M].北京:社会科学文献出版社,2014.

第一章

机遇之门

抓住头发丝一般的机会

1978年9月，钱东奇至今清晰地记得那神圣的一刻。他把校徽小心翼翼地别在胸前，在白衬衫的映衬下，"南京大学"四个鲜红大字是如此绚烂。

钱东奇知道这枚校徽意味着什么，它让一个人的命运发生了翻天覆地的改变。自从高考这扇大门洞开之后，被中断了多年的机会在这一瞬间高浓度地释放，那些被偷走时光的人们争先恐后地挤上这座独木桥，一旦踏上，便不再回头，因为彼岸就是希望之门。

1978年7月19日，高考的前一晚，钱东奇发起了高烧。

几日苦战，当他精疲力尽地走出考场时，心里已经不抱什么希望了。

1976年，钱东奇以优异的成绩从高中毕业，高考已经停止多年，他无书可读了，好不容易找到一份南京人民商场皮包专柜营业员的工作，这还是以姐姐下农村的代价换来的留城资格。虽然他把皮包卖得有声有色,但是在这种按部就班的日子里,他看着那些老营业员日复一日单调重复的生活,觉得未来已经一眼看到了头。

好在这样的日子持续了没多久,1977年,国家宣布恢复高考。消息一传出,全国就有570多万名青年报名参加当年的考试,但是只录取了27.3万人,录取比例不足5%。钱东奇在匆忙间报了名,下了班就躲在仓库里复习,可是他完全不得考试要领,这一年的高考,他落榜了。

1978年,他鼓起勇气再战。这一年,报考人数增至610万人,单看这数字就足以令人退却了。钱东奇在高中时期对数学科目是最有把握的,他将主要志愿都押宝在高校的数学系上,在其他志愿栏里填报了物理系。可是高考成绩公布,他的数学只考了49分,物理却考了83分,虽然总分达到401分,已超过本科录取分数线,但要上数学系,却是绝无可能的。

正当他失意的时候,命运第一次显示了它的神奇:南京大学临时决定扩招200人!钱东奇就这样幸运地被南京大学物理系录取了。

本来钱东奇的希望已经跌至谷底,突然之间又被一股力量抬升而起,瞬息之间悲喜交错。在一个波澜壮阔的时代到来之前,这不过是一个小小的前兆,虽然你无法揣测未来,但像这样的"幸运"在未来也许会越来越多。

学校为扩招的学生设置了专科学历。由于入学人数增加,学校原有的校舍不够用了,只能在物理系原有的教学楼旁盖了简易房。这是一幢四面漏风的建筑,座位是用水泥砌起的石墩,冬天坐在水泥墩上,每个人都冻得直哆嗦。但这又算得了什么呢?只要能够在大学校园里读书,钱东奇的心里就是充满希望的,常常"读书不觉已春深,一寸光阴一寸金"。

钱东奇没有辜负这飞来的机会,他从早到晚地学习英文,学习物理课程,有些课程都不是学校要求的,但他会主动找来书籍去学习。

他们这些能够在高考中"拼杀"出来的人,都格外珍惜"这头发丝一样"的机会。

1965年,钱东奇上小学一年级。整个小学阶段,他都是在动荡中浑浑噩噩度过的,都不知道自己学了什么。上初中时,一向贪玩的他在物理老师的启发下,居然对学习开了窍。他不仅喜欢上了物理,还当上了物理课代表。学校里学不够,他就去图书馆找书看,去旧书摊淘。他把这样的学习热情一直保持到了高中毕业,学业成绩始终名列前茅。在高中时,钱东奇就下定决心:要做一个有价值的人,一个对社会有益的人。

三年的大学生活很快就结束了。1981年,钱东奇被分配到南京无线电公司下属的企业工作。他是改革开放后厂里引进的第一位大学生,一来,工人就管他叫"秀才"。他有些尴尬,但又觉得有趣,还有几分荣耀。顶着大学生的光环,他以为，只要自己努力就可以在岗位上发挥才能，走出一条有前途的道路。

可是现实却很打脸。

工厂里的机会本来就少得可怜，每个人都小心翼翼地守护着自己的地盘，警惕外来者。钱东奇的到来让厂里原先负责技术的同事备感威胁，还有人在不断拱火："哎呀，'秀才'来了，将来某某的位置就坐不住了。"

前三个月，他被打发去值夜班，从晚上8点干到早上6点，他熟悉的，只有另一个上夜班的同事。这三个月里，他是谁，根本就没人关心。钱东奇理解别人的小心思，在工厂熬了两年之后，他决定报考研究生。

20世纪80年代初，一个吃公家饭的人想要脱产攻读研究生，谈何容易！况且当时还有规定，招考办只有拿到工作单位出具的同意考试的证明，考生才可以报名。

为了拿到这个证明，钱东奇急着把父母从湖北搬过来，拉着他们去厂长、书记家中说情。刚好，厂里另一位准备考研的大学生家里有点背景，一个电话打到工厂便解决了问题。人事处把他俩叫过去，要求写保证书，保证只考一次。

1984年，钱东奇获得了报考南京大学核物理专业研究生的资格。刚好，南京大学哲学系研究自然辩证法的林德宏教授准备和物理系研究天体物理与粒子物理的陆埮教授合招一名研究生。南大物理系一位老师听说钱东奇准备考研，便问他愿不愿意去读这个专业。钱东奇一听，眼睛都亮了，他恨不得立刻摆脱工厂的生活，自然是忙不迭地说愿意。

人生每一次基于偶然的运气，其实都是必然。虽然每一次命运的反转都有幸运的成分，但是机会从来不会眷顾那些畏首畏尾之人。

学会思考本质

入学之后，钱东奇知道自己将要跟随物理导师学习量子纠缠，跟随哲学导师学习自然辩证法，这是量子力学研究的哲学基础。

20世纪30年代，爱因斯坦与以玻尔为首的哥本哈根学派，就量子力学的根本问题展开了一场旷日持久的世纪大辩论，争论的一个核心问题就是量子纠缠现象。

爱因斯坦认为：任何一个系统，只要拥有足够的初始信息和足够的运算能力，就能够推算出这个系统的历史。而玻尔阵营中的德国物理学家马克斯·玻恩认为：就算把电子的初始状态测量得精确无比，我们也不能预言电子最后准确的位置。这种不确定性是深藏在物理定律本身内部的一种属性。

这场世纪大辩论，争论的本质在于：微观世界粒子运动是由确定论来支配还是由非确定的概率论来支配。

量子力学带来的新世界观冲击着19世纪以来形成的哲学体系，但对于科学观点的验证不能仅仅停留在思辨的层面。

从20世纪50年代开始，惠勒的"延迟选择实验"以及贝尔的"不等式定理"，打开了量子力学实验研究的大门。科学家们从思辨到实验论证，支持并深化了正统量子力学观点，同时也开辟了量子信息学等有着广阔应用前景的新研究方向。

1984年，钱东奇在阅读了一系列论文资料后发现，量子力学之所以得到发展，是因为研究者可以通过实验对假设加以证实或证伪，而南京大学在当时的经费条件下是很难提供相应的实验设备的，这导致他的学习方式只能从思辨到思辨。

虽然钱东奇认为这条研究之路一时还看不到前景，但南京大学尝试将物理学和哲学两个专业合为一体的教学方式却让他终身受益。

物理学的学习帮助钱东奇建立起认知世界本质的基本思维逻辑：

其一，所有的假设都必须由实验加以验证。

其二，要思考事物的本质。

而"物理学+哲学"的学习，给了他更多一层理解世界本质的通道。通过自然辩证法的学习，他建立起对自然界和科学技术发展一般规律的认知。

然而，临近毕业时，钱东奇决定不再继续这条研究之路。他认为，如果还在大学以从思辨到思辨的方式做量子纠缠的研究，在没有任何实验工具和手段的情况下，不容易有成果。事实也证明，量子纠缠差不多在他毕业30多年后才被实验验证。

回想这段经历，钱东奇无论是读研，还是日后的从商和创业，应该都是基于对问题的本质有所思考和认知后做出的决定。

钱东奇有幸在南京大学两次求学，物理学让他脚踏实地，哲学让他仰望星空。未来他的人生将如南京大学老校歌吟唱的那样："天开教泽兮，吾道无穷；吾愿无穷兮，如日方暾。"

时代的幸运儿

读研期间，钱东奇在学校图书馆找到一本介绍日本经济发展的书。他了解到，丰田喜一郎、本田宗一郎、井深大等一批企业家创造了第二次世界大战后日本经济发展的奇迹。他的内心为之一震：原来经济才是推动国家发展的基础。如果没有经济做后盾，理论研究将很难获得经费支持。于是，他在读研期间便有意识地关注改革开放前沿地区广东省的发展动向。

自1978年中国改革开放之后，深圳、珠海、汕头、厦门先后成立经济特区，这四个经济特区中有三个在广东省。

先行先试的地区所取得的成果不断刷新着人们的认知。1984年，"三天一层楼"的国贸大厦成为深圳城市的标志，"深圳速度"被载入史册。1987年，深圳出台了全国第一个《关于鼓励科技人员兴办民间科技企业的暂行规定》，鼓励技术入股、兴办民营科技企业……几乎每一天，都有振奋人心的消息从经济特区传来，刷新着人们的既有认知。突然间，一股压抑许久的对财富、对美好生活的渴望被挑动起来，年轻人在告别父母、离乡远行时，甚至还来不及忧伤，就被深圳那热气腾腾的生机激奋得热血沸腾。

1987年，钱东奇硕士研究生毕业。恰好李嘉诚捐资建立的汕头大学在招聘哲学系教师，他向往去改革开放的前沿，于是给汕头大学写了求职信。至于到那里做什么，他不在乎，他只想去感受那里的氛围。

汕头大学哲学系开设的是马列主义课程，可钱东奇学习的哲学专业是自然辩证法，到学校报到后，他才发现专业不对口。汕头大学倒是很宽容，让他自己去外面找工作，如果有单位愿意接收，学校可以出调动函。

可是去哪儿呢？

1987年6月，邓小平在会见南斯拉夫客人时透露了建设海南岛经济特区的消息。一些嗅觉灵敏的年轻人闻风而动，涌向那个比特区还要"特"的地方。于是，钱东奇决定去海南岛找找机会。

钱东奇在一个周五抵达海口。下午，他直奔海南人才交流服务中心，问他们招不招人。一位工作人员问他英语水平如何，他说："我的英语很好！"对方看他是南京大学的研究生，便约他第二天见一下计划处处长。海南筹建特区需要懂英文的人才，计划处处长很满意钱东奇的学历，但钱东奇一心只想搞经济，计划处没有相关的岗位，便留下他的资料，等有机会再说。

此处扑了空，钱东奇悻悻然回到码头，准备掏出船票登船，这一掏才发现放船票的随身小包落在了人才交流服务中心。他返回寻找小包时，多留了个心眼，抄下了计划处处长办公室的电话号码。

一回到汕头大学，人事处处长就来找他谈话，要求他要么服从组织安排准备上课，要么重新找单位。钱东奇不死心，说自己在海南已经联系好了新工作，还提供了那位计划处处长办公室的电话号码。人事处打电话过去询问，海南那边答复："这里正要人，让他过来报到吧！"原来钱东奇离开海口后第二天，海南对外经济发展总公司就来人才交流中心寻找外语好的人才，他被推荐了过去。

再次坐上从湛江横渡琼州海峡的轮船时，钱东奇的心境是"一点浩然气，千里快哉风"。这艘可容纳四五百人的船上坐满了来自五湖四海的年轻人。深圳改革开放的成功先例让他们确信，只要跟着国家政策走，遍地都是机会。

第二次来到海口，钱东奇这才开始悉心感受这里的氛围。海南其实是一个荒凉的岛屿，自古以来就是朝廷罪臣的贬谪地之一。被贬谪至此的苏轼曾言及岛上生活："食无肉，病无药，居无室，出无友，冬无炭，夏无寒泉"，可见这里的生活条件之恶劣。

当一群群满怀激情的年轻人涌到海南之后，却发现根本找不到工作。在城市里习以为常的公交、中巴等交通工具，海南岛都没有，有的只是谐音为"大龙虾"的三轮车。

海南对外经济发展总公司算是海南的大型企业了，可办公地点不过就是两栋宿舍楼。那些没能在海口找到工作的人，不得已往海南下级的县村去寻找机会，但一无所获。为了谋生，这些人只好在路边设摊，架起锅台，用木板拼接出几张桌子，做起了炒饭生意。因为这些人中有不少是人才，人们便称这些炒饭为"人才饭"。钱东奇在海口看到不少这样的街景。

在海南对外经济发展总公司工作期间，钱东奇最大的收获是协助一位美国商人将在海南投资养对虾的项目落地。他从中系统地学习了商业知识，学习编制项目预算，做项目可行性研究，参加商务谈判，跟踪项目的分期落地执行。项目带给他的另一个福利是，英语口语练得更顺溜了。

此后没多久，海南开发便陷入低谷。思忖再三，钱东奇决定去深圳寻找机会。他选择去深圳发展，逻辑其实很简单，在所有的经济特区中，深圳是最前沿的城市，它的发展极大地受益于香港的繁荣。深圳人的思维方式也与其他地方迥然不同。一个人的想法、做法、活法，莫不是环境的产物。

春秋时期，齐桓公曾经向管仲请教怎样治理社稷。管仲认为：士农工商是国之本，但不可杂处。这样做的好处是，商人们聚居在一起，他们观察年景好坏，了解国内情况，预知市场物价。他们的子弟从小耳濡目染，互谈盈利，互告买

1.
1987年10月,十万人才过海峡,钱东奇和去海南考察的团中央两位干部在船上
2.
1988年,钱东奇在海南接待机电部的客人
3.
1988年,钱东奇在海南

时代的幸运儿

卖时机，所思所想皆是商事。因此，商人的子弟常常还是商人——这就是环境的意义。

从汕头到海口再到深圳，钱东奇闯荡的这些城市无不是中国伸向未来的触角。这些触角所经之处，或许是羊肠坂路，或许是雄关漫道。身处其中，钱东奇就像个"游牧者"，在中国最原始的商业生态中，逐渐掌握了其中的规律。

1990年，中国电子进出口公司深圳分公司招聘有外贸工作经验的人。凭借在海南的工作经历，钱东奇顺利通过面试。正是在这里，钱东奇首次接触到了吸尘器贸易。

结缘吸尘器

一天，苏州沧浪区一家外贸公司的业务员拎着一台吸尘器找到钱东奇，让他帮着寻找海外买家。不久，钱东奇就带上这台由苏州春花吸尘器总厂（后改制为江苏春花电器集团股份有限公司）生产的吸尘器去了广交会。

在广交会上，他结识了商业领域中的第一个启蒙老师——一位法国客户。法国客户只是在展台上看了看吸尘器，随口询问产品情况，钱东奇便抓住时机介绍。他是一个天才销售员，几句话就将产品的卖点讲透，客户的兴趣一下子被激发起来，邀请钱东奇到自己入住的酒店详谈。法国客户回国后，很快就汇来一笔预付款，第一单吸尘器生意就这样做成了。

不久，法国客户又来到中国，这回他带来一个新式吸尘器，问钱东奇在中国有没有工厂可以代工。中国当时有5家工厂生产吸尘器，分别位于辽宁、江苏、浙江、广东以及上海，且全部是国有企业或大型集体企业。

钱东奇首先想到的是苏州春花吸尘器总厂。于是两人从深圳一路辗转到苏州，商谈完毕，又从苏州北上南下，分别与其他四家工厂会谈。钱东奇不仅担任法国客户的翻译，还承担起居中协调人的角色，在难以达成一致的合同条款上，他试图让双方彼此理解，最终促成了交易。之后，他还协助厂商签订代工协议，获得出口认证。

从那以后，这位法国客户每年都要来中国，把业务交给钱东奇代理，两人在长期的合作中逐渐建立起了信任。在与法国客户的深度合作中，钱东奇对基本的商业伦理有了领悟：首先，做事要有契约精神。在合同签订之前，所有的想法都可以敞开谈，而一旦签订合同，双方就要信守合约；其次，持久的商业关系是基于彼此的信任，以及基于信任的不背叛；第三，商业信用也是一种契约关系，不能为眼前蝇头小利所惑，凡事要立足长远。这三个基本点构成了持续的商业关系，其中又以商业信用为大，这是一个人的无形资产。

然而，钱东奇在寻找厂商的过程中，发现有些厂认识不到这些基本的商业准则。有的工厂签订好协议后，换了一个厂长上台就撕毁协议。有的工厂在其他外国客户找来后，如果发现条件更好,就会推翻原来的协议。

类似钱东奇供职的中国电子进出口公司这样的外贸公司本是架设在外国客户和中国企业之间的一座桥梁,工厂是外贸公司找的,一旦工厂撕毁协议,外贸公司就很难向客户交代。外国客户无法理解这种不按国际商业规则行事的行为。为了不撕破脸,钱东奇往往要绞尽脑汁向客户解释为什么中国企业更换厂长之后,原来的合作就不作数了。

钱东奇发现,不守信用与追逐蝇头小利压根不是一回事。那些厂长缺乏国际化的视角,他们的思维方式仅限于一单生意赚了多少钱。但国际客户的思维方式是:他们不远千里来到中国,是为了构建持续的战略合作伙伴关系,因为找到生意伙伴本身就是一项巨大的成本。商业信用是在持续的合作中逐渐建立起来的。

美国著名政治学家和社会学家李普塞特(Seymour Martin Lipset)说过一句名言:"只懂得一个国家的人,他实际上什么国家都不懂。"只有超越自身的视野,才能知道什么是真正的共同规律,什么是真正的特殊情况。否则,一个人既无法认识中国的发展现状,也无法明智地理解世界。

钱东奇深深地感激改革开放打开了他的视野,让他有机会接触到国际贸易规则。那些大厂的厂长无论是智力还是业务能力都很出色,但他们却无法跳出自己的小圈子、放眼看世界。事实上,机会的多寡往往取决于认知的差异。

从进化论的视角看,人类社会同样遵循着自然界适者生存的法则。中国的改革开放在迅速地改变着商业环境，把一部分人留在了过去，而另一部分向前走的人也不会一眼就看见新世界，而是要在泥沙俱下的地带经历一次一次的大浪淘洗。

如果用放大镜去看这个时代的沙粒，自然会发现诸多的不如意，但如果从历史的视角回溯，就会发现这是一个波澜壮阔的时代。在各种观念的碰撞中，在旧体制与新规则的冲突中，中国的商业生态渐次舒展。

在经历了11年的外贸工作后，1998年，钱东奇萌生了创办企业的想法，他要向着走大道、算大账的规则而去。

1.
1991年钱东奇和法国客人走遍中国考察吸尘器厂，从南到北只有五家适合出口
2.
1995年，钱东奇在迪拜摆摊推销产品
3.
1997年初，钱东奇在美国推销中国制造产品时，正接受记者采访

1.
2.
3.

结缘吸尘器

结缘吸尘器

1.
1997年8月,钱东奇到叙利亚走访客户,参观当地的流水线

2.
1997年,钱东奇和客人交流

第二章 创业

闯入制造业的门外汉

1998年的初夏,24岁的李雁坐公交车来到苏州现在的吴中路附近。下车的一刹那,她懵了:四周都是农田,她找不着方向了。

徘徊了半晌,好不容易看到一辆啪啪车朝这边驶来,她赶紧上去拦住,问先锋村在哪里。司机说:"我带你走吧,我就住在先锋村。"李雁想都没想就跳上了车,在坑坑洼洼的田间小路上颠簸前行。可是这路越走越荒僻,李雁又惊又怕,她甚至准备好随时跳车逃跑。不知道在啪啪车上挨过了多久,终于她看到了一个村落。司机说:"到了!"

李雁要找的泰怡凯电器(苏州)有限公司就在村口一个破旧的建筑内。她在原地愣怔了半天,怎么也没想到这家公司会在一个村子里,差点准备掉头离开。

想想人才招聘会上见到的公司总经理钱东奇的儒雅和财务经理庄建华的真诚,李雁犹疑了一会儿,决定还是要进去看一个究竟。刚走到建筑物门口,庄建华就满脸笑容地迎了出来,瞬间就暖化了李雁。

科沃斯机器人有限公司的前身——泰怡凯就诞生于这个简陋的环境中。

庄建华是钱东奇创业初期即加入公司的员工。此前，她是沧浪区一家外贸公司的财务人员。钱东奇问她是否愿意一起创业，庄建华一口就答应了。

这一时期，中国的创业气氛逐渐浓厚，不仅国内高学历的创业者开始跃跃欲试，许多留学生也在国家政策的鼓励下回国探路。一些中国新经济的领军企业，在这一时期播下了种子：腾讯创立于1998年，盛大、阿里巴巴、科大讯飞创立于1999年，百度创立于2000年……中国的商业环境呈现出欣欣向荣之势。

钱东奇在长期的外贸工作中，早已懂得"商业兴则国兴"的发展规律。那些推动国家进步的力量，可不是人们旧观念中的什么"倒爷"，而是一批具有远见卓识的企业家。带动日本战后经济腾飞的松下幸之助、本田宗一郎、稻盛和夫，哪个不是起步于草堂陋室？

万事开头难。一条吸尘器的生产流水线就有四五十米长，钱东奇在仰望星空的同时，也得脚踏实地寻找到能合乎生产条件的大型厂房。幸好，先锋村的领导具有改革精神，得知钱东奇在为外贸出口加工业务寻找厂房后，主动腾笼换鸟，把一家电视机厂的6000平方米厂房给了他们。

钱东奇带着初创团队成员一起打扫厂房。那是二月天，寒意逼人，工厂位于乡村，四面田野环绕，一番洒扫过后，厂房的边边角角都结了冰。尽管条件艰苦，但毕竟有了自己的生产基地。

由于此前有长期积累的外贸客户，工厂的订单倒也不是问题，但是成熟的技术工人从哪里来？

钱东奇将创业地选在苏州，主要是因为这里有三家吸尘器龙头企业，已经形成一定的产业集聚效应。但当时的苏州，制造业人才规模不及深圳，创办企业后，能否找到有经验的工人就成为首当其冲的问题。

钱东奇创业的原动力是他不想再忍受代工厂的不守信用。他的目标是实现高质量的产品交付，因而他想招收的工人可不仅仅是干流水线的活，而是要懂得标准化制造，懂得生产运营管理。而这样的工人，苏州当地是无法提供的。钱东奇在深圳居住、工作了近十年，他深知，那里不仅是中国改革开放的前沿阵地，也是制造业的前沿阵地。港台企业集聚在此，培养了中国第一代懂得规范操作流程的"打工仔"，因此他决定去深圳招聘。

当时从深圳到苏州，交通并不方便。钱东奇就租用大巴车去接他们。人是拉来了，可工人们却不太适应苏州的生活。一夜之间从繁华的深圳来到黑灯瞎火的苏州乡村，晚上连吃夜宵、唱卡拉OK的地方都没有。很快，他们就觉得没意思，又跑回了深圳。每次，钱东奇从深圳拉一车工人来，零零散散地只能留下两三个。这个过程就像拿着竹篮打水，要积攒起人才池，只能不停地招人、拉人。

每到年底，庄建华在做年终回顾时，总发现年年都有一半的员工是新人，这种情况持续了近五年。每到这时，她忍不住要感慨一下："真是一盘散沙！"

先锋村除了提供厂房，还给了他们一栋三层办公楼。办公楼的左边是办公室，右边是会议室，晚上这里变成大通铺，电工、制造车间的组长、班长大都住在里面。钱东奇也跟工人一起打地铺。有个电工鼾声震天，吵得他彻夜难眠，但他没有吭声："流水线刚刚建起来，他们是专业的，你得和他们在一起。"

面对这些有经验的师傅，钱东奇把自己当成一张白纸，跟着他们学习，学完之后就现学现用。他从做品质管理的工人那里学来了一长串专有名词：QEP、AIE、QC……工人们告诉他，他们在广东打工时都是这么叫的。从工人脸上一闪而过的神情中，钱东奇能看到他们的骄傲——"原来这你都不知道！"

请来的工人师傅的确教会了钱东奇不少基本的工厂管理知识：物流线如何排布，业务板块要建立负责人制，而不是老板自己到处乱窜。

1999年，在工厂成立的第二年，钱东奇就决定上ISO9000国际质量管理体系认证。ISO9000是从西方质量保证活动发展而来的。随着现代企业内部合作规模的不断扩大，程序化管理已经成为生产发展的基本要求。

上ISO9000时，钱东奇亲自带队，亲自编写流程。

1.
1998年,先锋村村办提供的三层办公楼
2.
1998年,钱东奇与客户庆祝公司自建的阿兰桥落成
3.
沙特客人是钱东奇1998年开发的第一个海外客人,迄今两人还是很好的朋友

闯入制造业的门外汉

1.
1999年，公司周年大会
2.
1999年，钱东奇在美国摆摊推销自己工厂的产品

1.

2.

闯入制造业的门外汉

ISO9000认证是产品进入国际市场的基本标准，因而有些企业会通过买证的方式走捷径。但钱东奇并不是为了应付客户，他有着清晰的目标和要求——要借此机会提升工厂的质量管理，从而提高产品的信誉和国际市场的竞争力。因此，在这件事上，他的眼里容不得半点沙子，宁肯比别人多花几倍的精力，也要夯实基础。

有钱东奇的要求在，团队成员哪怕是硬着头皮也要学。学习的第一步是先把专业术语叫起来，之后每学一点知识，就在工作中悉心体会、认真讨论。老师授完课后，团队还成立了专项工作组，对企业内部流程进行评审。庄建华回忆道，团队果真拿出了杀鸡用牛刀的精神来投入项目，哪怕是一件很小的事，也要拼尽全力，用认知的最高标准做到最好。

通过对ISO9000的学习，企业逐渐走向了规范化管理，明确了责权利。当然，这仅仅是起步，制造业品质的提升是永无止境的，制造能力还要在一个一个项目中去打磨。

从"削皮挫骨"到脱胎换骨

刚创业那会儿，公司生意好到来不及做，不少客户就在厂门口等着，一出货就拉走。中国与发达国家相比，人力成本优势显著，因此国外有大量的生产订单往中国转移。虽然吸尘器属于低端制造，但是由于初始阶段代工厂不多，一台机器的代工费能赚到一两百元。只要能生产吸尘器，并且有客户，企业简直就是躺着赚钱。

公司成立的第一个月就有30多万元的收入进账，当月就实现了盈利。第一年盘点下来，销售额超过6000万元。

利润如此丰厚的产业自然吸引了一大批竞争者前来，客户对代工厂的可选择面越来越大，代工利润也随之被压缩。严峻的形势开始倒逼代工企业提升能力，通过高质量的产品去抢客户。

工厂成立初期，因为产品质量问题，钱东奇被客户批评是常事。最激烈的一次，客户在会谈中，直接拎起产品从三楼办公室扔了出去。钱东奇何尝不想改变这种被动的局面——产品质量出问题，实则是组织的管理能力出了问题。虽然公司业务蒸蒸日上，但管理上总是纰漏不断。

2000年，钱东奇请来国际知名咨询公司安达信给公司管理做诊断。安达信诊断后，给出的结论是："所有的问题都是老板的问题。"看着钱东奇一脸的诧异，安达信顾问还得如实相告："调研中我们问到当公司出现问题，谁应该负最大的责任时，大家的反馈都是'老板'。"

就这一句话，钱东奇花去了整整20万元。

冤不冤？当然冤！怎么会越努力越糟糕？可是待他冷静下来，仔细琢磨之后，突然之间就开悟了："不是你又是谁！公司大小事务的决定权都在自己这儿，你不负责谁负责！"

他自省道："一家企业的最高决策者如果连这点事都想不

明白,企业是没有办法做好的。只知道自己是大老板,上蹿下跳大包大揽,却不知道自己决策的后果,应该承担什么责任,这样的企业很难做下去。"

很难说这次诊断给企业带来了哪些立竿见影的效果,但是在钱东奇的心智中,他已经构建起了一个自我认知的系统。此后行事,他会想办法发挥员工的主观能动性。

但是,单凭自己员工的努力够吗?显然是不够的。之前的外贸经历告诉钱东奇,人一定要打破思维定势,向外看。他要借助与国际品牌的合作,系统学习国际先进的管理经验,以此来促进组织的自我成长。

一直以来,钱东奇都渴望成为松下的代工方。每次参加国际展会,日本展商陈列的精致小巧的电子产品都会吸引各界的目光。他想学习日本企业精工制造的门道,也想学习日本企业的经营管理之道。如果能给松下代工,在做中学,不啻一条学习的捷径。2003年,钱东奇终于得偿所愿,成为松下在中国的第一家代工企业。

时任财务经理的庄建华事后在做年度评审时,发现为松下做代工的业务是公司所有客户业务中利润率最低的,确切地说,几乎是亏钱在做。这就是钱东奇的格局,他看中的不是利润,而是为团队请来老师。他要求团队的每一位成员都要重视与松下的合作,将它当成首选的大客户来对待。

松下的管理以严谨而闻名。庄建华初次与松下谈代工报价时，忍不住要崩溃——对方要求以美元计价的报价，保留到小数点后 4 位。

而在此后的合作中，"变态"成为常态。

松下采取的是与代工厂共同成长的模式，他们深入每一个代工制造的环节进行监督、教导，直至达到要求。庄建华说："他们会陪伴你一起工作到凌晨两点，第二天又是精神饱满地出现在你的面前。"

公司团队用"不可理喻"来形容这段"削皮挫骨"的经历。日方工程师测量每一个零件时，都要求全尺寸测量。中方团队不明白，这种费力的活究竟有什么意义？但事后却发现，前期的精细测量对产品的标准化生产大有裨益。

在严师的带领下，团队的学习欲望被极大地激发起来，他们打起十二分的精神追着老师"跑"，拿歇后语来说，这是"不蒸馒头也要蒸（争）口气"。

有时松下提出的制造要求，团队不懂也不会。遇到这种情况该怎么办？公司就采取"笨办法"，朝松下的标准靠拢，哪怕是从形式上的对标开始。制造工艺的提升不是一次两次就能解决的，而是一个持续改善的过程。松下一次次地提出改进要求，团队的工程师和工人就逼着自己想办法。在倒逼机制中，员工先是有了解决问题的意识，接着方法跟上，从品质的单点提升到多点提升，再延伸至系统化的提升。

庄建华认为，真正的价值是创造出来的，做任何事情都不能抱有"忽悠"的心态。

松下对首次合作产品的代工要求是：产品必须达到欧盟的 RoHS（Restriction of Hazardous Substances）标准。这是欧盟立法制定的一项强制性标准，全称是《关于限制在电子电气设备中使用某些有害成分的指令》，主要用于规范电子电气产品的材料及工艺标准。虽然该标准要到 2006 年 7 月 1 日才开始正式实施，但是松下做事的风格是留有余量，提前达到欧盟的标准。松下要求代工厂也一同配合这一时间表，除了留足生产时间，还要留出物流时间。

松下的确是一个好老师，它提出要求之后不是放任不管，而是派专人到公司进行培训，手把手地教授欧盟的 RoHS 标准，并且这一培训首先从公司的管理层开始。

产品要满足欧盟标准的前提是，从原料到成品制造的全过程，各环节都需要进行检测，而测试设备和测试费用都不便宜。

钱东奇二话不说，费用全批，一切按照老师的要求办。很快，松下也派出测试实验室的工程师来公司辅导，帮助他们建立完整的测试体系。这次代工让钱东奇深刻地领悟到，原来实验室检测也是代工生产中必不可少的一种能力。

在这堂管理实践课中，钱东奇和同事们领悟到了魔鬼就在细节之中。松下的管理巨细靡遗，哪怕是一个电机、一个部件的开发，他们都会派专人过来监督、指导、赋能。

由于代工业务还涉及上下游供应链，公司掌握了这套标准之后，还要将其贯彻到整个供应链中，负起对供应商的监管职责。

对供应链的监管又是一门学问。虽然供应商会提交检测报告，但公司依然要对供应商采购的每一批次原材料进行二次检测，验证报告的真实性。针对采购的原材料，凡自己的实验室检测不了的就送到上海的国际检测机构进行检测。这些外送的检测，费用都很昂贵，但公司不省这些钱，做到批批都检。按当时项目的日语翻译周蕾的话来说，这个过程很痛苦，是个削足适履的过程，但是只有内控做得比标准更严格，才能在出货时达到松下的标准。

对于公司提交的报告，松下会进一步复核，他们会亲自去供应商处检查，对原材料和整机再次抽检。

钱东奇很清楚，产品的终极裁决者不是松下，而是欧盟严格的法规，这是悬在所有人头上的达摩克利斯之剑，任何一处闪失都会招致巨额罚款。

好不容易等到前期工作准备就绪，准备量产前，松下要求公司先生产20台吸尘器。为此，松下的品质部长专程从日本飞来，到车间现场戴上白手套，一台一台地拆开检查，确认品质无误之后才签字量产。

与松下的这次合作，当时参与的团队成员可都是"刻骨铭心"。然而不得不承认，这批吸尘器成了公司产品质量标准的一个里程碑。公司掌握了这套标准之后，代工市场也被进一步打开。当其他品牌的客户前来咨询代工业务时，公司就会告诉他们，我们已经在执行欧盟标准了，订单也就顺理成章地涌来。

此后，公司与几乎所有的国际大牌厂商都建立了合作关系。在代工过程中，公司不但在管理上、制度上与国际规则接轨，还逐渐掌握了每个品牌的特性，并且将对这些特性的认知内化到企业的管理流程中。

如果说，日本松下教会了科沃斯精细化的管理以及对成本极致的追求，瑞典伊莱克斯则是从产品外观上启发了科沃斯，而更多高要求的客户把科沃斯逼出了高质量、大规模量产的能力。

制造是个不断学习的过程，老师就是这些客户。庄建华说，有些客户的管理系统很完整，愿意提供产品的真实数据，帮助公司去做改善，但也有一些客户自身管理有问题，给不出产品数据时只能给"情绪"。业务人员只能通过客户的情绪高低和气愤程度来判断问题的复杂程度。

在犯错、纠错、反省、学习的过程中，公司的制造能力有了长足的进步。企业从原先点对点地解决问题，进化到采用系统和标准方法来解决问题，再进一步从源头的设计开始，让产品可制造，从而提高生产效率。

学艺没有坦途，也没有捷径。钱东奇带领着一支原本没有任何制造经验的创始团队，硬是在实践中，凭借着拼命三郎的精神，补上了制造这一课。

从代工到创造

钱东奇有一天发现，客户做着做着就将订单转走了。

他有些摸不着头脑，自己服务做得那么好，为什么客户还要走？

原来，客户找到科沃斯时，一般会拿着复杂的产品而来。通常一些创新产品的设计不会那么完美，公司拿到产品资料后，需要不断地修正、改进产品设计中的瑕疵，之后才能进行量产。而客户一旦解决了产品从设计到量产的问题，他们便拿着这套方案，转而寻找报价更低的代工厂，实现他们的成本控制。

这公平吗？当然不公平！可是你当时不得不接受现实！

李雁曾经代表财务部跟客户谈判，看着客户计算报价的方法，她见识了什么叫"锱铢必较"。

客户关注总报价，但也不会放过分项报价。他们一般会把一个产品分解成几大类：结构件、塑料件、料工费，然后就每一类的成本来谈价格。如果一个部件有十道工序，精于算计的客户还会把每一道工序中的材料和工艺成本都拆开，套用不同的公式计算成本，甚至连一根扎线的成本都不放过。有时他们发现总报价差不多，但其他代工厂的某些分项报价更低，还要追问科沃斯为什么这些项目的报价会高，这成本差异是怎么来的。有时各分项都满意了，但客户在总报价上还要再压价。

这就是现实，企业要生存就得认。当然，有时也不排除这是客户惯用的压价策略。庄建华会带着李雁的财务团队和采购团队一起验证，如果真有代工厂能做到这个报价，庄建华会对团队提出要求，能不能在别人报价的基础上做出更好的质量。

起初，这种拆解方法的确让公司建立了成本管理的意识，可时间久了，李雁心中还是忍不住犯起了嘀咕："公司在研发和价值创造上的投入被如此拆解、折算成为一个个的零件，企业的价值能体现在哪里呢？"

现实情况是，一直以来，公司的制造成本都不是最低的。

在代工之初，钱东奇就没有把自己定义成为一个代工者。代工的钱哪怕再好赚，他也没有赚快钱的想法。他认为，按照客户的要求完成代工，这顶多是小学生的水平，而超出客户期待，提供高附加值的产品，才是把自己当成大学生。有了智力创造的成分，员工的兴奋感就会强，也会获得一种成就感。

在以前的合作中，有不少客户了解到公司的这一优势后，索性就采用"懒人"下单法，他们简便到甚至只需提供一个外观设计，至于产品的结构设计、内部功能都交由公司代为完成。还有客户拿着公司的样品，改个颜色、改个外观就直接拿回本国市场去销售了。

钱东奇是企业家，但内心更像个学者。他的研究背景以及理想主义色彩无时无刻不在影响着他做事的风格。他乐于在研发上投资，注重学习百家之长。他每次从海外出差回来，都会背回一些全球最新的吸尘器产品，供工程师研究、学习。在这种学习研究的氛围中，公司逐渐建立起了研发、制造以及供应链管理的能力。

早在 2000 年，公司就成立了知识产权部和研发中心。钱东奇预见，技术创新可以放宽资源约束，公司不能只在初级代工上原地打转。他准备从来料加工制造的 OEM（Original Equipment Manufacturer，原厂委托制造商）方式，转向自有设计制造的 ODM（Original Design Manufacturer，原始设计制造商）方式。

然而，公司推出创新产品后，马上就会被人模仿。一有同质产品，客户就会来砍价，从而形成一个拼资源、拼成本、拼消耗的怪圈。

无序的低价竞争，缺乏保护知识产权的法律环境，代工厂没有专利意识，从先发企业高薪挖关键人才……这些都是阻碍创新的外部因素，长此以往，势必影响创新企业的研发积极性。

公司的努力没有得到应有的尊重，钱东奇不得不怀疑，OEM 和 ODM 的价值究竟在哪里？

在给出肯定或否定的答案之前，我们先把目光投射到全球产业转移的背景上。

20 世纪共发生了三次产业转移。五六十年代的第一次产业转移由美国转向联邦德国和日本等国，美国自身进行产业结构升级，集中发展汽车、化工等资本密集型产业，将纺织、钢铁等传统产业转出。

第二次产业转移发生于七八十年代，日本、联邦德国等国将轻纺、机电等附加值较低的劳动密集型产业转向成本较低的"亚洲四小龙"和部分拉美国家。

第三次产业转移发生于90年代，欧洲和美日等发达国家及"亚洲四小龙"将劳动密集型产业和一部分资本技术密集型产业转移到中国内地。

这三次转移的共同特征是，发达国家把低附加值、高人力密集型的产业转移出本国，而承接方往往贴有"成本优势"的标签。正处于人口红利期的中国制造业正是嵌合在了全球产业链的分工协作之中，才成就了最初的经济腾飞。

此时，作为"亚洲四小龙"之一的中国台湾由于早于中国大陆走完这段产业转移的历程，企业家们已经不再满足于低附加值的代工和组装，而是向"微笑曲线"的两端即研发和品牌延伸，做有附加价值的制造，从中跑出了一些全球著名的高科技代工企业。

钱东奇看到了这样的趋势，而他思考的是，既然研发能够创造价值，为什么公司却无法获得应有的尊重与回报？既然知识产权保护不尽完善是既定事实，研发创新也不得不做，那么企业究竟应该采取怎样的措施，才能避免研发成果被随意盗用？

钱东奇的答案是——做品牌。他说："研发如果没有品牌作保护，从某种意义上来说就是为他人作嫁衣裳。"

2006年发生的一件事也触动了钱东奇。

经过八年发展，公司年营业收入已经超过10亿元，吸尘器领域的全球知名品牌几乎都是公司的客户，无论是资金流还是现金流都很健康，钱东奇萌生了让公司上市的想法。投行、会计师事务所、律师事务所都看好公司的估值。

然而，在填报募集资金用途说明时，钱东奇迟疑了。专业人士建议，上市后募集资金的使用要与用途说明大致吻合。钱东奇思考了一下公司的业务方向，募集来的资金除了买厂房买地，招聘更多的员工，继续做代工，似乎就没有其他的用途了。这有点像"放牛娃效应"：放牛是为了长大，长大是为了结婚生娃，生娃是为了继续放牛……

当一众人为上市忙碌得人仰马翻之时，最后关头，钱东奇却一脚踩下了刹车。他说："我不知道拿这些资金做什么用。"

这些焦虑、迟疑、犹豫和反思，最后都转化成为钱东奇做品牌的决心。

2006年，钱东奇正式创立"科沃斯"品牌，"科沃斯"的英文名为"ECOVACS"，"ECO"是生态之意，"VAC"是英文"vacuum"（吸尘器）的缩写。这是他和一位美国朋友共同构想出的名字。钱东奇希望科沃斯创造生态环保的吸尘器产品，同时开拓国际与国内两个市场。

此时，他的一项秘密研究已经持续了六年，还有两年，第一代真正代表后来"科沃斯"品牌的杀手级产品将正式问世。

第三章

通往品牌之路

灵感的耦合

在不同地方、不同时期的人类社会，反复出现一种奇怪的点图案。图案中，点的数量不尽相同，但通常都是六个圆点，紧凑地排列成一条四点线和一条两点线。从纳瓦霍部落葫芦拨浪鼓上的小洞，到西伯利亚萨满鼓上的绘画，这种装饰图案在偏远部落中随处可见，甚至还出现在日本汽车制造商斯巴鲁的标志上。

无一例外，这些圆点代表夜空中最显著的特征之一——昴星团。很多神话传说中都有关于它们的描述。

乔·马钱特（Jo Marchant）在《人类仰望星空时》一书中记载了一段人类文明的巧合。

而在即将到来的扫地机器人时代，在不同的空间之下，也在上演着这样的巧合。

2000年的一天，钱东奇随手翻阅报纸，看到一则消息，说哈尔滨工业大学刚刚举办了一场机器人足球比赛。他的第一反应是：既然机器人都可以踢足球了，把吸尘器装在机器人上，不就可以吸尘了吗？

灵光一现之后，他决定尝试。

在大洋彼岸的美国波士顿，iRobot创始人科林·安格尔正在尝试为机器人应用找到一个有商业价值的场景。这些来自麻省理工学院的技术极客们尝试了各种太空、军用、工业用、商用的场景，甚至连玩具娃娃都尝试过了，依然还是没有大获成功的产品，但好在从中积累了不少行业经验，比如与庄臣公司合作开发的商用清洁机器人启发了iRobot对"打扫卫生"这件事的热忱。直到2002年，iRobot才上市第一款家用扫地机器人"Roomba"。

钱东奇与科林从无交集，但两人几乎是在同一时期开启了对扫地机器人的想象。有意思的是，这两位创业者在起步时，对扫地机器人的功能有着同样的认知：第一，能够感知环境；第二，有对环境的分析、理解和认知；第三，基于这样的认知，有目的地去做运动。

简言之，扫地机器人不能像工业机器人那样，按照事先设计好的程序做规定动作。千家万户场景各异，扫地机器人要具备自主理解不同环境的能力，并且像人一样做出行动决策，从而实现对全屋的清洁覆盖。这个决策过程就是"我在哪儿""从哪里来""到哪里去"，这是一个自下而上的判断过程。

人类每天都能迸发出很多灵感，但其中的大多数不过是流星划过天际。钱东奇从灵感到行动，是基于一个基本的事实判断：洗衣和扫地是人们最不喜欢干的事。现在洗衣机已经普及，而扫地机器人受制于技术的发展，还没有出现。一旦技术问题得到解决，扫地机器人的市场规模应该不会比洗衣机小。

有了做扫地机器人的想法，钱东奇便成立了一个独立的研发团队，代号"HSR"，取"Home Service Robot"（家用服务机器人）的首字母。为了在预研阶段做到绝对保密，钱东奇在公司外的苏美中心大厦为项目组租用了一间办公室。

2000年，如今担任科沃斯首席技术官的汤进举当时还在学校攻读信息与软件工程专业，他被导师带入HSR项目组。当时，钱东奇想借助高校的学术资源开展基础研究。

初始项目团队成员一共4人，其他三位是结构工程师、电控工程师和专利工程师，汤进举主攻电子和软件。

那时想象扫地机器人的模样，就像科学家幻想黑洞的形态。人们对机器人的印象大多来自电影，影片中的机器人往往有手有脚还能说会道。2000年10月31日，人形机器人ASIMO在日本诞生，但是一个直立行走的机器人涉及的技术太过复杂。扫地机器人只是清洁工具，团队最初构想的基本结构是两个轮子、清洁装置和避障传感器，先解决移动、清洁和碰撞的问题。

在一系列要攻克的难题中，首要之事是让机器走起来。走起来之后，再考虑机器按照怎样的路线行进才能保证不漏扫。课题组的方案是做梳状清扫，来回走"弓"字形，这在专业领域被称为"有规划的行走"。但这一行走方式可是一个前沿课题，涉及传感器技术、芯片技术，以及算法和算力。如果要搭载高精尖的视觉传感器，就需要算力相配合，但当时的芯片承载不了高强度的计算。于是，课题组退而求其次，借助里程计来检测轮胎转了多少圈，从而测算出行进的距离。但是里程计有一个问题，当遇到不同材质的地面时，一旦打滑就失去了准确性。同时，里程计本身的误差也需要不断地去校准。研发过程中产生的问题就像俄罗斯套娃，一个套着一个，似乎总也看不到头。

今天，当我们回看HSR项目组最早提出的方案，正是当下扫地机器人的标配。除了规划行走，HSR项目组还试图去构建一张房间的平面图，因为有了地图才好规划清扫路线。项目组的方案是，让机器贴着墙角线绕全屋走一圈，一步一步地丈量房间。但在实验中，因为各种技术问题，机器会数错步数。就是在这些基本的问题上，研发人员一次次地走入死胡同。做着做着，有人觉得这事太过虚无缥缈，中途就离开了。

钱东奇知道这条路难走，在研发过程中，他与团队贴得非常近，几乎每天都和团队在一起，聊技术细节，聊对未来的构想。他对团队说："将来我们会开发出一款非常好的扫地机器人。"但看看团队瞅他的神情，他就知道，团队一定是认为他在吹牛了。

不管团队信还是不信，钱东奇对项目的投入，与研发工程师同吃同干的决心，足以让人感知到，在这家公司，HSR才是老板的"心肝宝贝"。对于这些埋头苦干的HSR研发工程师，公司里一旦有什么不同的想法传出来，钱东奇是第一个站出来为这个心肝宝贝说话的人。他也意识到自己有偏心："我知道他们在做事儿，只是没有出结果，这种辛苦我都看得见，但由于看得太清，反而忽视了其他人的感受，会让人觉得我太偏心这个团队。"

凡事总有两面，钱东奇认为如果当时自己没有这么偏心，团队可能就不会有那么大的信心坚持下来。他认为，人们看问题时，由于所处的环境和角度不一样，形成的观点就会不同。如果他离团队很远，就不会知道他们有多辛苦，可能就不会有结果。

2000年，HSR交出了第一台机器人雏形——真空吸尘器。它类似一辆迷你车，可以自行移动。2001年，公司首台自动行走吸尘的机器人面世，高度有35厘米，但这台机器离真正推向市场还很遥远。

直到2002年iRobot公司的Roomba扫地机器人上市，钱东奇这才恍然大悟，原来扫地机器人是可以做成圆形的，这种形状在家庭环境中具有比车型机器人更好的脱困能力。

这种顿悟，就像爱因斯坦在广义相对论中预言黑洞的存在后，全世界的天文爱好者们都想对黑洞的模样一探究竟。直到2019年4月10日，经过全球科学家数十年坚持不懈的通力协作，才将黑洞的形态具象地呈现在世人面前——原来黑洞是圆的。从想象到具象，中间需要跨越无数道科学鸿沟。

其实，扫地机器人的鼻祖还不是 iRobot 的 Roomba，而是瑞典家电巨头伊莱克斯于 1996 年制造的一款名为"三叶虫"的扫地机器人，它采用的就是圆形设计。但伊莱克斯并没有打算把这款产品商业化，也就没有引起业界的重视。直到兜兜转转了一圈，钱东奇看到 iRobot 采用的圆形设计后，他才突然有了一种"踏破铁鞋无觅处，得来全不费工夫"的领悟。

但圆形一定是扫地机器人形态的终极方案吗？也未必，科学是永无止境的探索，也许圆形只是当下受制于材料和科技的一个过渡性的解决方案。钱东奇后来了解到，日本一家企业的博物馆内有一款早期设计的扫地机器人，外观是方形的。

当一个学科和产业在全球几乎同时从零起步时，能够呈现出最为丰富的创意生态——大家基于各国的资源禀赋，即科技条件、人才供给、制造能力，提出不同的解决方案。如果有一段历史，可以系统地横向书写这一时期各国扫地机器人的创意历程，那将会是工业文明史上精彩的一笔。

在 2002 年的时点，有关机器形态的问题暂时得到了解决。在家庭环境中，如果扫地机器人一时无法实现规划行走，那么还有没有其他的方式解决清洁覆盖率的问题？

答案是有的！iRobot 同样受制于传感器和算力，无法给房间建图，但是他们策略性地放弃了规划行走，改用随机碰撞，这是一种在当时的技术条件下极具性价比的解决方案。

随机碰撞的原理类似于布朗运动，它通过随机改变扫地机器人碰撞物体后的回弹角度，依靠概率实现对全屋最大程度的覆盖，比如扫地机器人以90度角撞上物体后，回弹角度变为80度，从而让扫地机器人走向另一条路径。但这一设计的缺点也比较明显，就是覆盖全屋的时间有点慢。

哪怕是随机碰撞，iRobot还是有其清洁策略的。它的原则是：牺牲清扫时间，先解决全屋覆盖的问题。在行走方式上，iRobot首先让Roomba去对较大面积的区域进行打扫和清洁；完成之后，再沿着墙去另外一片区域继续清扫，然后不断地切换这套模式。

虽然全球第一台量产的扫地机器人还是个到处乱撞的家伙，但这丝毫不妨碍人们对解放双手的热情。Roomba问世后，第一年就卖出7万台，远远超出iRobot董事会当时计划的1万台[①]。

Roomba的设计有不少巧妙之处，它没有采用太过复杂的传感器，只是在机器的前端安装了一块浮动碰板，产品高度低于35厘米，可以轻松钻入床底或沙发。

相比之下，HSR团队一上来就采用完美型的设计思路，不断地做加法，堆叠了各种功能的传感器。在Roomba的启发下，HSR团队决定删繁就简，目标是找到一种简单、便宜且可靠的设计方案。

---

① 大谷和利.共创力［M］.胡静，译.北京：机械工业出版社，2021.

这一设计思路很像互联网公司今天所倡导的快速迭代理念：产品不能等到完美才推向市场，而是要根据当下技术的成熟度，适时地向市场推出不同阶段的产品，通过"市场—反馈—修正—市场"的循环往复来臻于完美。

在起步阶段，钱东奇坦承，iRobot前几代产品的技术和设计，那是高山仰止的作品。iRobot在一些设计上多有巧思，比如采用红外线信号接收和发射的方式让扫地机器人回充电座、创造性地在家中设置虚拟墙、圈定扫地范围，等等。不得不承认，iRobot所处的波士顿是美国科学人才培养的重镇，公司总部毗邻麻省理工学院和哈佛大学，软件办公室位于美国加利福尼亚州，公司与加州理工大学等高校以及硅谷公司保持密切的联系，形成了位于加州的生态系统。同样的创意，在不同国家的资源禀赋下，结出的果实是不同的，但这并不意味着中国企业要就此放弃从0到1的原创之路。

有榜样在前，钱东奇改变了研发策略，带领团队小步快跑地追。虽然成果一个接着一个地推出，但研发团队离成功还有距离。很快，他们就吃了一次"药"。

用失败验证市场

一台扫地机器人组件的复杂度远高于传统的吸尘器，它包括电机、减速箱、电风机、吸尘风机、滚刷、边刷等等。

扫地机器人首先要解决行走的问题，并且是高效率、低噪声地行走，因而只有当减速箱强度足够时，行走起来才会更顺滑。

然而，在早期阶段的研发中，团队处处遇到问题，就连微不足道的小齿轮也经常断裂，这显然是因为材料强度设计不合理。汤进举说："要做到每一个零部件都稳定、可靠，需要对所有的材料都详加研究，不能'过设计'也不能'欠设计'，这是一个不断收敛、优化的过程。"

在HSR早期项目中，有一款代号为"0405"的扫地机器人项目，0405代表2004年第五个项目。这款产品搭载有自动回充功能和超声波避障功能，比起单纯的清扫功能已经有了不小的进步。样机出来后，钱东奇和团队都很兴奋。

HSR团队把扫地机器人的样品带到了展会上，一位新加坡客户看到后，想尝试这个全新的品类，便下了一单，量不大，只有几百台，先试着卖一下。

可是货发出后没多久，新加坡客户就怒气冲冲地找来了，说质量有问题，还有退货，要求彻查原因。

钱东奇听到抱怨后，什么都没说，他给汤进举、结构工程师和销售员买了三张机票，让他们去新加坡面见客户。钱东奇的意图很简单，解铃还须系铃人，只有他们才能直面这些问题。

汤进举三人赶到客户仓库，看着满地堆放的被退回的产品，面面相觑。这是客户第一次在新加坡销售扫地机器人，一上来就被投诉有质量问题，火气自然不会小。汤进举检查后发现，机器故障是由减速箱设计不合理导致的，机器长时间工作后就会发热，从而导致皮带松动，机器走着走着就不动了。因此，若要改进产品，不仅要改设计，还要改进材料。

但是改进哪有这么容易啊！当时科沃斯还没有建立起产品的测试评估体系，扫地机器人的生产也是借用吸尘器产线，产业链上的合作伙伴更是七零八落地散落着，没有体系可言。

在汤进举的眼中，这款产品以完美的失败而告终。

钱东奇可没有这么悲观，他认为科沃斯日后在中国市场做出真正的扫地机器人，还是0405的功劳。当时他看到一份调研报告，报告显示，中国消费者不买吸尘器是因为有电源线，不如扫帚拖把使用方便。吸尘器使用后还要倒灰尘，太过麻烦。但是在海外，一般家庭都会有两到三台吸尘器。这其实是基于用户思维所做的理解。

0405上市后，虽然有质量问题，但是受欢迎的程度还是超出了钱东奇的预期，因为有些消费者买回去后，哪怕用坏了也不愿意退货，而是要求维修后继续使用，图的就是方便。

好产品的基本属性是什么呢？扫地机器人的"好"在于彻底解放双手，把设备往地上一扔就不用管了，没电了还可以回充。钱东奇认为，从这个意义上来说，消费者对扫地机器人有着一种发自内心的需求，只是没有一个好产品来满足他们的需求。

电影《教父》中有一段经典台词：花一秒钟就看透事物

本质的人，和花一辈子都看不清事物本质的人，注定是截然不同的命运。

基于对消费者的理解和基本面的判断，0405反而给予钱东奇莫大的信心——做扫地机器人将是一次划时代的机遇。

不久，一个代号"0713"的项目计划书放在了钱东奇的办公桌上。它预示着中国市场上一个全新物种的降临，钱东奇也将为此倾注全部的资源，背负起所有的不解，全力以赴地去打赢这场战役。

至今，汤进举回想起0713的成功，还会有几分兴奋。那是一次真正的赢，赢得让人热血沸腾。他说："那是团队这些年来闭门思过的成果。"

把时间拉回到2006年，钱东奇的首要之事是"扶正"HSR团队，在公司内正式成立了研发一部，从相关部门抽调人员充实研发力量。

新团队成员到位之后，大家重新去思考扫地机器人的本质，探索扫地机器人和消费者的关系。团队把消费者需求一项一项地罗列出来，又一项一项地去除不重要的需求，最后总结出以下几点：不漏扫、不重复扫，扫干净、拖干净，没电时自行回到充电座上充电。

将产品的重要功能定义下来后，每一代的改进都将朝着这个目标而去。钱东奇说："其实每一代产品能做成什么样取决于技术的进步，有时候技术达不到，那就'70分万岁'。

我们尽管一代一代地往前去做,这是研发的基本逻辑。"

项目的探索过程极为曲折,迷雾重重,但愿景会是前方的一束光。钱东奇鼓励大家,这是一件可以帮助人们改善生活的事:不愿意洗衣服的人和不愿意扫地的人是一样多的。今天既然洗衣机可以普及,为什么扫地机器人做不到?消费者愿不愿意买,取决于产品在使用上是否足够方便。

0405项目失败给予团队的教训是,虽然项目失败的外在表现是减速箱的设计问题,但实质是缺乏必要的检测手段。"工欲善其事,必先利其器",公司需要马上建立起实验室评估和测试体系,使之成为品质的"守门员"。产品在设计过程中要实时地对可靠性加以验证。

为此,研发的工作方式也随之改进,研发工程师和测试工程师组成一个团队,从产品概念开始,一直到批量生产、飞行检查,检测工作贯穿于整个流程,测试工程师对每一项技术的开发、新材料的使用,都要及时给予反馈。

与研发工作一样具有挑战的是,扫地机器人是个全新的领域,业界没有任何具体的检测标准,科沃斯在创造新物种的同时,也要创造全新的检测体系。

科沃斯陆续摸索出了一些测试方法,包括清洁效率评估、材料寿命评估、撞板可靠性评估、抗干扰性评估等。以撞板测试为例,研发人员提出要求后,测试工程师要想办法做出撞击设备,按照设计寿命、撞击力度和撞击次数来测试撞板材料的可靠性。

很多测试方法都得依靠工程师的巧手和灵感。在测试轮胎的驱动力时，工程师在机器上绑一根绳子，绳子上吊一个重物，让机器在玻璃上行进，测试人员不断增加配重，看机器最终能拽多重的物体。测试工程师还自己动手设计实验方式，搭模型找材料。这些实验方法经过不断调整后，转化成标准测试方案，再据此研制测试设备。

随着扫地机器人产业的发展，全球也渐渐形成一些统一的测试标准。比如测试地毯灰尘的清洁效率时，企业必须使用德国一家工厂生产的测试专用灰尘。每桶测试用灰的售价高达 360 欧元，测试用灰不可反复使用，一桶仅够一周的用量。测试地毯也需要从指定的欧洲供应商处购买，一块 2.4 平方米的地毯，售价 650 欧元。为保证测试数据的准确性，地毯需要频繁更换。如果现成的评估方法或设备无法获得一些评估参数，公司还要投入资金，与科研院校、外部机构一同合作开发测试设备。

令科沃斯没有想到的是，检测能力居然也发展成了公司独特的竞争力。日后，当全国自动化系统与集成标准化技术委员会服务机器人工作组于 2011 年在苏州成立时，科沃斯被任命为工作组组长单位，牵头开展服务机器人领域"国标"的制定。科沃斯机器人中心实验室也被认定为国家实验室。

2007 年，0713 的研发工作终于尘埃落定。接下来，钱东奇就要为这款产品物色一位产线负责人。

制造是科沃斯的专长，但普通吸尘器的制造和高精密度扫地机器人的制造，这是两个专业领域。0713功能多、零部件多，制造工艺的复杂性远超以往，研发团队七年的心血不能在量产时功亏一篑。

这时，钱东奇突然想到了周蕾。

有一年，作为日语翻译的周蕾陪同钱东奇前去日本拜访松下公司。松下一位事业部部长在开会时，毫不客气地当着钱东奇的面批评道，出口到欧洲市场的货物中，产品说明书上有划痕。

钱东奇对此无比惭愧。在回酒店的路上，周蕾看着一脸沉思的钱东奇，憋足了劲儿问了一句："为什么工厂就不能做到位呢？"接着她又说："如果是我做，一定能做好，为什么就不能争口气呢！"当时钱东奇只道是一句发愤图强之语，没想到这句话却铺垫了周蕾日后的工作。

结束了松下项目的日语翻译工作后，周蕾转而接手了0713项目科长的职位。这是研发项目协调员的角色，职责是拉通各方资源，解决问题。周蕾在这个岗位上，已经全面了解了研发、原型机制造、物料采购的流程。

钱东奇深知目前各条产线的负责人很难对0713这个项目产生兴趣，因为他们已经习惯了大规模生产的爽快感，一个批次就是上万台机器。0713项目初期的出货量不会大，市场销售得自己来，那些干部没有动机，也不会把精力放在制造这么复杂且批量又小的产线上。一个好的管理者，同时也应该是个心理学家，他们最基本的能力就是要懂人性。

当周蕾听说钱东奇亲自指定她来负责0713的制造时，她愣了半天。虽然她有一股子冲劲，但毕竟没有制造经验，况且她对钱东奇在品质管理上的严格早有耳闻。

在品质管理上，钱东奇有一道红线：不做客户关系，不许贿赂客户派来的检验员。

企业在做代工时，协议中会有这样一个条款：当品质问题超过一定的比例时，代工方要承担相应的责任。生产品质是由产品的通过率来评定的，通常要经过厂内验货、出港前抽检和到港后抽检三个环节。

代工产品在出货前，大客户通常会派检验员到工厂抽检验收。有些工厂为了不返工或者少返工，就把心思花在做检验员的关系上。在那些工厂管理者的眼中，检验标准是一把弹性尺，尺度的松和紧都由检验员来拿捏。

然而，钱东奇却视标准为刚性尺。客户方检验员一旦查出问题，无论大小，必须整改。松下公司为了一本产品说明书的划痕都能大发雷霆，说明在品质的管控上，是没有轻重大小之分的，任何一处不起眼的"虫洞"都会随着人的惯性和惰性而被放大。钱东奇认为，外部检验员恰如企业的第三只眼，他们可以查出公司的内部疏漏，正好可以让管理人员知道管理中的问题，倒逼企业提升品质管理能力。

产线负责人当然知道质量管理的道理，但他们作为被检验员"虐"的第一人，常常憋屈得不行。明知别家的产品质量不如自己家，可就是能被放行。但是公司有令在此，只能把心思花在产品质量的改善上。年深日久，制造能力在一次次的"被虐"中不断地提升。其结果就是，以前奔着低成本而走的客户纷纷回了头。周蕾不得不佩服，这才是做事的大智慧。

周蕾纠结了一阵，还是接下了任务。尽管不熟悉制造，但是她相信科沃斯的团队和制造体系，她的思路是：先做对，再做好，然后再优化。

目前的情况是，工厂只有生产普通吸尘器的产线，生产一台普通的吸尘器，全部产线合起来只需要三个测试工位：测真空度（即密封性）、测电流以及测高压。

扫地机器人却不同，产品中不仅有芯片、传感器，还有电机、软件等等，对制造的精密度要求很高，单单测试工位就要占据产线人数的三分之一。测试的方法和手段也是从未有过的，成品下线后，还要做进一步的测试，确保机器正常运行。

周蕾从科沃斯的制造体系中学到的方法是：把难度放在工程师头上，而不是放在工人头上。越是复杂的工序，越要追求最简操作原则。具体来说就是，工程师在设计时要考虑到可制造性。如果在产线上出现那种稍有不慎，工人就会出错的情况，工程师在设计时就应该把问题预先消除。在流水线生产中，工程师也要尽量把复杂操作拆解成基本动作，越简单，越不易出错。总而言之，制造是设计出来的。

4.
1.
2.
3.

1.
2000年，钱东奇坐车随手翻看报纸，一则机器人足球比赛的消息引起了他的注意
2.
科沃斯扫地机器人地宝手板
3.
代号0713，它也有了一个正式的市场名——地宝5系
4.
第一台机器人真空吸尘器雏形

用失败验证市场

1.
早期的科沃斯工厂
2.
科沃斯智能工厂采用的自动化机器
3.
科沃斯机器人中心实验室,机器人覆盖率标准测试环境

1.
2.
3.

用失败验证市场

但是，哪怕工程师的设计再完美，总还是会或多或少地存在缺陷。制造的特性就是，有些问题会随着产量的放大而逐渐暴露。

意识到这些问题后，周蕾严格执行公司的项目制方法，让研发工程师与产品质量工程师紧密协作，由产品质量工程师指点研发工程师在设计时规避相应的制造问题，把制造流程尽可能地拆解到最小单元，让产线形成标准化操作。

周蕾是在2007年的六七月间接到的任命，中秋节那天，她和21名工人正在加班生产，没想到钱东奇也来到车间。他到来之后，不声不响地在一旁帮着打磨零件的毛刺，这是他的习惯——体恤员工的辛苦，在他们最困难的时候，管理者要和他们在一起。毕竟，好产品是用心做出来的，而管理者首先要把心用在员工身上，员工才会把心用在产品上。

国庆节后，科沃斯在电视直销频道开启了0713的预售，这时它拥有了一个正式的市场名——地宝5系。第一个周末，地宝5系就卖出近200台。

等到周一上班时，电视直销的成绩传遍了公司，每个人都兴奋不已，没想到一上市就有这么好的反响。钱东奇信心满满地对团队说："年底我们要实现20000台的销售目标。"员工们一听，惊得张大了嘴，这时距离年底只有两个多月，大家心想："老板不会在吹牛吧！"

艰难探索

钱东奇没有吹牛,因为高科技产品是凭技术说话的。人们对"解放双手"充满着渴望,在十几亿人口的中国,找出五万分之一的尝鲜者还是有一定概率的。

0713 的诞生比 Roomba 晚了五年,并且也是以随机碰撞的行走方式开场,但它毕竟撞开了一个新物种的大门。在同一时期,全球产业对规划行走还没有更好的技术突破。

0713 最大的意义在于稳定了军心。扫地机器人项目到目前为止已经孵化了七年,团队经历了无数次的失败,有人放弃,有人质疑,团队的士气需要通过打一次胜仗来加以提振。

尽管依旧是随机碰撞型的机器人,但 0713 的这一步走出来也着实不易,它要同时满足高效率和低噪声两个条件。

此后,研发团队在 0713 的基础上推出了地宝 730,厚度只有 9.8 厘米。地宝 730 不仅能够自主行走,还拥有定时预约功能和简单的语音互动,以及一对灰尘识别感应器。到台阶边缘时,防跌落电子眼可以探测到最低高度为 8 厘米的台阶,一旦扫地机器人移动到楼梯边缘,身体探出一定长度时,就会迅速掉头回到安全地带。电量快耗尽时,扫地机器人还能快速返回充电座充电。这些在如今看来已经是扫地机器人的基础功能,在当年可都是科沃斯为行业走出的关键一步。

迈出这第一步后，钱东奇更加坚定了未来的方向。2008年，他向团队展示了一张扫地机器人技术路线的十年规划，上面标示着在不同阶段要攻克的技术目标。

汤进举记得，钱东奇计划到2018年实现全局规划。全局规划的概念是指扫地机器人能够预先构建起室内地图，根据所获知的准确信息按照最优算法行走，实现对全屋的清扫覆盖。

此后团队按照这一规划，一步一步地向前推进。汤进举认为，这个规划在今天看来都是具有前瞻性的。

从随机行走到全局规划，中间阻隔着软硬件技术的重重关卡，它们包括各种能"看"、能"听"、能"感知"的传感器，如里程计、陀螺仪、视觉传感器、激光传感器、声纳传感器、红外传感器等，还需要算法的配合，以及芯片及算力的支持，很少有技术是现成可用的。

在全局规划中，首要解决的问题是定位，即机器人要明确知道自己在房屋中的位置，才能对下一步的行动做出决策。

在机器人上装一个传感器不难，但难的是如何选择正确的传感器，并且用高效的软件来整合传感器读取到的信息，然后基于这些信息对机器人的行为进行优化。

为了能够让扫地机器人"知道"自己的位置，各大公司的研发团队都在绞尽脑汁。

家庭中的位置有绝对位置和相对位置之分。绝对位置是指基于经度和纬度的地理坐标，而相对位置则是指相对于某个地标的定位，比如相对家中冰箱、钢琴等固定物的位置。

扫地机器人在家中移动时，在无法构建全屋地图的情况下，它要通过仿生人类感官的方式，"看"到或"感知"到某个或某几个固定物，通过多种传感器的配合以及算法，把特征反馈给"大脑"，从而通过相对位置来"明确"自己的定位。

为了能够"看"到特征物，有的扫地机器人的解决方案是将摄像头安装在机器的顶部，盯着天花板"看"，但是天花板上的特征物通常不会很多，所以这个方案很难走通。有的扫地机器人会将摄像头安装在机器人的前部，对准墙体，这种方式"看"到的特征物相对多一些，有门、窗、挂画等等，机器人通过不断地创建相对地标来判断自己的确切位置，在导航的过程中，还能不断地识别新地标。另外还有一种野心勃勃的解决方案，是通过360度全景的视觉画面来进行定位和导航，但是大量的信息捕捉和图像分析将极大地消耗算力，这会导致机器没有多余的电量去做清洁工作。因此，如何恰到好处地"看"，这一技术本身就充满着挑战。

在"看"这件事上，科沃斯曾经与相关科研机构合作，尝试通过两个摄像头来测量机器与墙壁之间的距离，从而确定机器自身的位置，但没能取得突破。

2011年前后，钱东奇在网上查到一家美国机器人公司推出了激光雷达技术。这是一项利用激光束来精准获取三维位置的测距传感技术。

一看到这则信息，钱东奇即刻购买机票飞往美国，直接找上门去。恰好这家公司正在融资，钱东奇认为，激光测距是一项领先于市场的技术。一周之内科沃斯就与其谈成了战略合作，前后向这家公司投资了数百万美元。科沃斯得到的是在中国市场销售并且制造这一技术产品的权利。

之后，科沃斯研发团队受到激光雷达技术的启发，他们从漫无边际的技术探索中聚焦到这项技术上，经过不断消化、吸收、演化，终于开发出了基于激光雷达的SLAM（Simultaneous Localization and Mapping，同步构图定位）算法。

不久，奥地利领事馆告诉钱东奇，奥地利有一家做扫地机器人路径规划的公司想与科沃斯合作，这家公司拥有在手机上构建室内地图以及建立虚拟墙的技术。

借助这一系列与外部伙伴的合作以及团队对新技术的转化能力，科沃斯在技术上实现了更上一层楼。

钱东奇投资美国这家机器人公司，在商业上是有其谋划的。一是因为科沃斯品牌刚刚诞生，他担心竞争对手以更好的技术突然杀入。如果当时中国有家电巨头拿到了这项技术在中国的代理权，科沃斯可能会因此失去先发优势，因为没有先进技术就无法在品类里立足；二是科沃斯拿下这项技术的制造权后，可以通过制造学习积累更多相关知识。

在知识产权保护上，钱东奇始终严格遵守商业合同，这是企业的立身之本。尽管科沃斯是这家机器人公司的投资方，但是双方的合作中并没有涉及激光雷达专利技术的使用，因此，科沃斯团队在技术开发中，还要避开对方公司的专利。

钱东奇认为，中国公司的灵活性可以展现在对市场机会的捕捉上,以及对技术消化引进的速度中,但是绝不能在知识产权上玩"灵活"。

科沃斯在找到突破性的技术方向之后,转化速度其实并没有预想中那么快。直到 2013 年 9 月,公司才在南京 450 米高的紫峰大厦发布了第一款激光雷达产品——地宝 950。

地宝 950 主打"不重复,不漏扫",它通过 LDS 激光定位系统,建立并实时更新电子地图,计算出最佳清洁路线。电量不足回充后,它会重返未打扫的区域继续工作。钱东奇计划在 2018 年实现的全局规划,提前在 2013 年就初步实现了。

令研发团队自豪的是,地宝 950 是全球第一款可以按房间分区清扫的设备。同时,科沃斯还为地宝 950 开发了手机 App,代替遥控器,让消费者通过手机操控,查看电量,查找清扫记录,还可以设定未来七天的工作安排。

用 App 替代遥控器,这是钱东奇谋划的又一步大棋。他已然看到大数据的发展趋势,经用户授权的行为数据可以通过 App 返回数据后台,从而快速知晓使用中出现的问题。这些海量数据的生成与积累,将成为日后科沃斯开发数字化体验的基础。

2015 年 11 月,科沃斯发布地宝 DR95,这款机器搭载了最新研发的 Smart Navi 技术,实现了先建图、后清扫的全局规划。地宝 DR95 运用了 LDS 激光测距技术和 SLAM 算法。这款扫地机器人的顶部安装了一个 360°环视底座,激光测距传感器安装在这个旋转底座之上以每秒 5 圈的速度环视扫描，对房间进行测量，结合SLAM算法生成清洁地图，据此规划出最佳清洁路线。消费者还可以进行智能分区，通过WiFi将分区信息传到消费者的移动设备端。分区以门为分隔线，将客厅、卧室、厨房、阳台、卫生间等区域以不同颜色标出。消费者在移动设备上可以选择需要清扫的房间，设定清扫顺序。

但是LDS技术也有短板，它的测距只有七八米远，在大型空间超出测距范围后会产生指数级的误差。而dToF（Direct-Time-of-Flight）结构光技术的诞生又恰好弥补了LDS的短板，很好地解决了远距离测量的精度问题。

在综合考虑dToF技术的经济性和制造工艺的稳定性后，2020年3月，科沃斯在地宝T8家族上推出了dToF技术，成为全球第一个采用这一技术的品牌，它的建图效率更高。同年3月，苹果公司在其发布的新款iPad Pro上也首次使用了自研的基于dToF技术的Lidar模块。

扫地机器人有导航、避障、交互三大技术板块，全局规划只是导航技术板块中的一项技术。通过对这项技术发展历程片段的采撷，我们可以看到在当时的环境中那段艰难的探索。如果钱东奇没有敏锐地捕捉到一个全新的技术方向，如果不是他当机立断投入重金抢下一项项核心技术，那么，今天科沃斯的历史很有可能被改写。

对于服务机器人的宏观技术图景，钱东奇用一句话提炼，那就是"从工具、管家到伴侣"。

作为工具，扫地机器人和擦窗机器人只需要满足把地扫干净、将窗擦干净的特定单一任务就可以了。

如果作为"管家"，机器人则要有执行多重任务的能力。它们需要对任务指令做出判断，并且对不同的任务进行排序。机器人从完成单一任务到实现多重任务，技术难度是一个从量变到质变的过程，需要在环境感知、复杂动作的实现方面引入更为先进的技术。拥有多任务处理能力的管家机器人，其创造的商业价值也是不同的。

到了伴侣阶段，机器人通过理解人类的意图，能够与人类进行情感交流，甚至不用等主人发出指令，就知道应该做什么。钱东奇预判，机器人成为人类的伴侣，可能还需要二三十年的时间。

眼下，科沃斯要踏实走好每一步，并且在每一个技术发展阶段，专注于为企业和消费者创造商业价值，实现价值的等价交换。

这是科沃斯的行事基准，大道至简，只不过参透并非易事。

交了一笔学费

当第一款地宝产品还在研发阶段，钱东奇就开始考虑销售渠道的问题：品牌应该在哪些渠道做销售展示？应该给消费者怎样的感知？

传统的营销模式一般遵从的是4P理论，聚焦产品（Product）、价格（Price）、推广（Promotion）和渠道（Place）。打算做高端市场的品牌通常会考虑在一线城市的重点商圈开设门店，之后再向外围辐射。

科沃斯是制造企业的基因，在零售上需要从头学起。为此，钱东奇专门请来一位拥有跨国公司销售经验的操盘手，在上海组建了一支销售团队，负责线下渠道的开拓和经销商队伍的管理。钱东奇还在上海徐家汇这一核心商圈的高端商场里，投资50万元租下一个展厅，用于全国招商。

2006年12月29日，科沃斯举办了展厅的开业仪式。门店整体采用绿色的视觉形象，展示的是自行研发生产的传统线控吸尘器。

品牌和营销对钱东奇来说是一门全新的学科。他拿出当年向工人师傅学习制造的精神，每个月都去上海参加销售团队的工作会议，大部分时间他都是多听少说，虚心地学习。

但是到了2008年，他发现销售数字有些蹊跷——那些货并没有被卖到终端，而是积压在经销商的仓库里。再细查下去，他不禁心头一紧，原来销售团队采用的是压货方式。经销商收到货后把货款打到公司账上，销售员顺理成章地拿到了提成。可这些货在经销商处压根卖不动，变成了库存，最后经销商跑到科沃斯总部要求退货。为了兑现给经销商的承诺，科沃斯不得不往这个黑洞里贴钱。一气之下，钱东奇裁撤了销售团队。

2008年底，一切又回到了原点。

从代工到做品牌，第一步就绊了个大跟头，这条路还能走通吗？

而此时，屋漏偏逢连夜雨。2008年，美国雷曼兄弟倒闭后引发的金融风暴席卷全球，科沃斯当时的业务以外贸代工为主，自然不能幸免，几乎是一夜之间，客户订单骤然中止。

"挺吓人的。"李雁回忆当时的场景，"我很慌，真的失眠了！"

财务出身的李雁，第一反应就是账上还有多少现金流。她说："公司自成立以来，业务一直很顺利，没有遇到过什么风险，所以以前没有很强的危机防范意识。"

公司此时已经拥有1000多名员工，每经营一天，就有几十万元乃至上百万元的现金支出。更糟糕的是，银行突然在此时收紧了信贷。

公司管理层马上召开紧急会议，对客户的经营状况进行评估，考虑到可能的财务风险，决定放弃那些市场销售有风险的客户，只做高质量、现金流稳定的客户。

随着市场恐慌情绪慢慢得到释放，有些客户虽然踩了刹车，但后续还是会发出一些订单。钱东奇观察到，这时发来订单的大多是像胡佛（Hoover）、伊莱克斯这样的大品牌，而且以ODM订单为主。在危机中，他深切感受到了大品牌所具有的抗风险能力，同时，他也深切感受到代工厂的命运无法由自己做主，而是被攥在了品牌商的手中。品牌商有订单，代工厂才能活。

几件事凑到一块儿，钱东奇对做品牌这件事更加坚定了。虽然做品牌的过程磕磕绊绊，但是相比代工，做品牌才是企业未来的出路。

2008年12月，钱东奇亲自上阵管理品牌。在此后近一年的时间里，他全力收拾前期的烂摊子，帮助经销商清理库存，整顿线下渠道，终止了与一些经销商的合作。

正因为看到了压货的弊端，钱东奇决定彻底摒弃这一模式，因为他信奉等价交换的原则——只有经销商得利，品牌方才能获益，而压货这一做法只是把市场风险单方面地抛给了经销商。科沃斯作为品牌方，希望与经销商建立起互利共赢的合作关系，由经销商向消费者传递产品价值，而不应该是未获利就先背负债务。

为此，钱东奇接下来采取的策略是：经销商无须囤货，卖掉多少补多少。科沃斯将通过帮助经销商提升终端销售能力来拉动回款。

2009年，科沃斯成立企业内部大学——"科蓝军校"（寓意科沃斯蓝海），培养应届毕业生充实到销售队伍中去。在销售政策和人员配备等多管齐下的措施中，此前的吸尘器产品终于在零售终端得到了完全消化。资金流、货流理顺了，品牌与渠道的关系自然也就理顺了。

从第一代地宝 5 系上市开始，钱东奇一边建设销售渠道，一边不断地把新研发的扫地机器人产品投入渠道，看市场反馈，再根据反馈不断调整研发思路。此后，科沃斯陆续推出自带超音速离芯大尘桶的地宝 760，以"弓字形"路线进行清扫的地宝 8 系，以及具有未来感的超薄地宝等，每一款产品都在某些技术功能点上回应着消费者的需求。

随着渠道内扫地机器人产品线的壮大，新的问题又来了。

科沃斯早先进入的是苏宁、国美、五星等传统家电连锁渠道，在这些渠道里，动销快的往往是消费者耳熟能详的标准 3C 产品和大小家电产品，如手机、电视机、冰箱等，拼的是品牌知名度，但是对新品牌和像扫地机器人这样以前从未出现过的新品类并不友好。

相比之下，百货商场，尤其是高端百货商场才是科沃斯应该攻下的渠道。通常，来商场的消费者是抱着"逛"的心态，他们来这里就是想了解最新的潮流品牌，而去传统的家电渠道是"比价"的心态。除了百货商场，高端家居零售连锁企业特力屋以及针对中高端客群的山姆会员店也与科沃斯的目标客户高度一致。这就是钱东奇选择渠道的逻辑：重要的是研究市场空间在哪里，一旦找到就集中发力。

渠道引进什么品牌，最终还是由消费者说了算。在市场这根指挥棒下，渠道只会选择那些有生命力、可以带来额外收益的品牌。消费者的需求层次丰富而多元，产品需要在功能需求、情感需求、面子需求、性价比需求等方面达到平衡。

总之，产品力才是获得渠道青睐的最大竞争力。

然而，高端百货商场就像一块"唐僧肉"，是兵家必争之地。科沃斯这时不过是个寂寂无名的新创国产品牌，这一时期，国产品牌大多不在中高端消费者的注意力范围。在北京市场，科沃斯只能迂回前行，目标是进入像赛特、燕莎这样的高端商场，但眼下品牌能进入的只是百盛和长安这类中高端商场。在凡是可以进场的地方，科沃斯先要把样板做出来。

扫地机器人可不是放在市场上消费者一眼就能看明白的产品，品牌需要做大量的市场教育工作。钱东奇要求每家门店做好两件事：一是终端展示，二是优化销售话术。在这方面，他不仅是企业家，还是有天分的销售员。为了研究消费者，他亲自站店，研究顾客进店后的行为和行走动线。顾客进店后，注意力就像漏斗一样，从一个广口逐渐收敛聚焦。销售员需要通过专业的销售技巧及销售话术来吸引顾客的注意力，将他们的兴趣聚焦到扫地机器人产品上。有注意力，才有销售转化的可能性。

钱东奇设计出一套销售话术，那些话语言简意赅、直击要害。比如，针对便利性的宣传语是"解放双手"；针对扫地机器人的集尘功能，他用"30天不用倒垃圾"来描述。李雁说："这些话术是一个字眼一个字眼地抠出来的。"为了验证销售话术的效果，钱东奇亲自到门店给导购员做演示。李雁说，钱东奇只要往店里一站，顾客就会被他吸引过来，主动上前与他攀谈。钱东奇斯文儒雅，说话慢条斯理，富有逻辑性。顾客提出疑问时，他像大学教授那样，把技术问题解释得有趣又生动，有时甚至能讲上一两个小时，顾客听得津津有味。

除了设计出标准的销售话术，钱东奇还根据客户的疑虑，总结出"三张白纸销售法"：第一张白纸擦地面，展示地面有多脏；第二张白纸放在尘盒里，方便吸尘后看清附着在尘盒里的灰尘；第三张白纸擦拭扫过的地面。经过直观的对比，顾客能瞬间打消对清洁效果的疑虑。

几家样板店经过一番精细化的打磨之后，业绩开始崭露头角。

接下来的工作是复制这套销售模式。钱东奇要求销售团队在选择经销商时，首选那些态度认真、做事扎实细致的人。因为在市场拓展阶段，需要经销商高度配合，将科沃斯制定的精细化销售策略执行到位。同时，销售团队把全国各地的经销商请到样板店参观、学习、分享，希望他们领会精细化运营的好处。销售工作永远都是那么细碎，但就像小河小溪，先是涓涓细流，随着口碑和销量的上升，愿意尝试的经销商多了起来，百货商城的渠道渐次铺开。

在拓展销售渠道时，钱东奇不停地思考还有哪些离消费者近的渠道——那就是中高端小区。

周末，科沃斯销售团队会进入一些小区摆摊做宣传，推出"七天不满意无条件退货"政策，尽可能地鼓励人们试用。销售团队选择的小区，通常是在科沃斯门店附近。钱东奇的用意是，居民在小区里反复多次看到产品之后，在周围的商场闲逛时会注意到门店，注意的次数多了，自然就会进店看看。

从2009年开始，各销售大区开始每天上报门店的销售数据。管理层发现，百货商场的销售额开始超过传统的家电连锁渠道。数据验证了钱东奇的判断。

针对不同渠道的投入产出比，钱东奇算了一笔账：如果北京有60家家电连锁企业，科沃斯至少要配备60名导购员，每年全部加总后，最多实现1000多万元的销售额。如果进入像赛特、燕莎一类的高端百货商场，每家店每年至少可以实现100万元的销售额，10家店便能实现1000万元的销售额。在人员上，百货商场店每家只需配备2名导购员，总计20人，投入产出比显然更高。

因此，从2010年起科沃斯对渠道策略作出调整，逐步从单一的传统家电连锁渠道转至传统家电连锁渠道、百货商场和精品家居连锁卖场混合的更为健康的销售模式。

在这样的渠道策略调整下，2010年地宝7系的销售量超过了传统的多级旋风吸尘器。

2011年，科沃斯家用服务机器人业务在投入市场4年之后，第一次实现了收支平衡。虽然销售金额仅为一亿多元，在公司产品销售总额中的占比只有30%，但钱东奇终于还是等来了建立科沃斯家用服务机器人品牌形象的时机。而他接下来的大动作，却让销售团队经历了一场震荡。

做单品系列还是做产品家族

科沃斯的这场震荡与钱东奇对产品线的布局息息相关。

科沃斯在做品牌的初期,并没有认识到扫地机器人才是品牌的支撑,而是想凭借一款在技术上领先的多级旋风吸尘器来打市场,建立品牌知名度。

可是产品上市之后才知道,无论科沃斯把传统吸尘器技术做得有多好,市场上早已有各种品牌把各个价位段都填满了。这件事给钱东奇的教训是:做品牌不是单凭技术领先就可以实现的,品牌的关键是选对品类。科沃斯应该发展的品类是扫地机器人,因为在这个全新的领域,它在中国市场还没有强有力的竞争者。

2009年,钱东奇注意到中国有家小家电企业,凭单品支撑起一个市值庞大的公司。钱东奇对此心生警觉:单一产品的风险很高,如果产品的技术壁垒不高,很容易被竞争对手瓦解。

偏偏这也是科沃斯的现状——机器人产品线中只有扫地机器人。为避免潜在风险,钱东奇决定构建一个家用服务机器人的产品矩阵,用来保护扫地机器人,哪怕其他产品暂时还不够好。形象地看,这好比一个军团,扫地机器人一马当先,其他产品压阵,在气势上先声夺人。

钱东奇这样表述他的产品策略："家用服务机器人是蓝海，我们要开创一片蓝海。家用服务机器人领域的格局还没有确定，像我们这样一家年轻的企业还有机会。只要发力去做，就有可能突出重围。……如果只做吸尘器产品，科沃斯品牌就还是一个小家电品牌，大鳄一发力，我们就很危险。"

于是，科沃斯正式提出家用服务机器人的蓝海战略，开始构建更全面的品类。

2010年，科沃斯发布全球第一款空气净化机器人沁宝A330。2011年，科沃斯推出首款家用擦窗机器人窗宝5系。2012年8月，多功能机器人管家"亲宝"诞生。

钱东奇说："空气净化产品当时做得不好，但我还是拍板了。这种情况只有老板能拍板，因为只有你知道品牌定位的用意，其中的利害关系，产品在谋怎样的局。如果单纯从产品的角度看，大家可以说是老板在乱拍板。"

虽然这是布局家用服务机器人全产品线的一次尝试，没想到窗宝却成就了科沃斯的一片新蓝海。

钱东奇做窗宝的灵感来自一家韩国公司。在一个国际展会上，他看到一款可以擦玻璃的机器，玻璃两边用两块磁铁吸住。他眼前一亮，擦窗机器人为什么不能纳入家用服务机器人的产品矩阵呢？

回来后他立刻组织研发了第一代窗宝5系产品。这一产品采用双面擦窗设计，靠磁力吸附在玻璃上。但是它对玻璃厚度有要求（最佳厚度为5—12毫米）。玻璃太厚，双面难以吸附；玻璃太薄，容易震碎玻璃，或者吸力太大爬不动。

此后，工程师从一款自动攀爬墙壁的自动化设备上得到灵感，改双面擦窗为单面擦窗，于2012年7月推出窗宝7系。窗宝7系通过内置微型真空泵与玻璃接触面之间形成一个真空环境，牢牢吸附在玻璃表面。为防止在清洁过程中碰到异物导致漏气，还设计了双吸盘结构，实行双层吸附，即使外层漏气，内层还是能够保持真空状态，很好地解决了第一代产品的问题。

2013年3月，窗宝7系中的W730参加在美国芝加哥举行的国际家庭用品博览会（IHA），反响热烈，产品获得组委会颁发的唯一一项创新大奖。窗宝W730能精确识别边框，通过防跌落感应器，擦拭无框玻璃，同时完成湿擦、刮拭、干抹。它解决了大面积或高层窗户日常擦拭的"痛点"。展会上一个美国人幽默地告诉钱东奇："今天回家就跟老婆签协议，擦窗的事我来。"

2013年9月，窗宝和地宝产品现身德国柏林国际电子消费品展览会（IFA）。这也是2009年以来，科沃斯第五次参展。窗宝受到参展者的好评。一位北欧客户看到产品后，专程赶到中国，签署窗宝产品的代理协议。

窗宝受欢迎的程度超过了钱东奇的预想，研发团队对此不断地加以改进。窗宝W950独创Smart Drive分体驱动系统，使内外盘分离，外盘固定抹布支架，内盘可以旋转，减少转弯，大大提升了运行效率。凭借优秀的工业设计，窗

1.
基于地宝移动平台，科沃斯 2010 年 8 月推出空气净化机器人"沁宝"
2.
2011 年 10 月，科沃斯发布全球首款擦窗机器人"窗宝"，英文名 WINBOT
3.
由科沃斯家族产品原型机组成的机器人模型

产品家族

宝 W950 在国际上斩获一系列大奖，包括"2015 年德国红点设计大奖""2016 iF 设计奖""2016 年日本 G-mark 优良设计奖"等。

2015 年，科沃斯的工业设计团队参加中央电视台财经频道《对话》栏目录制，与中外设计大师探讨工业设计对中国制造业的作用。在现场，德国红点设计大奖创始人兼主席彼得·扎克这样评价窗宝 W950：

> 作为一个工具，外观设计中要体现出功能。……德国设计首先考虑它的使用，也就是它的功能。……其次是吸引力。好的设计必须迷人……如果你和我一样看过它工作，就会发现它擦窗的样子非常好看。然后是责任。好的设计不仅要对环境负责，同时也要对文化负责，还要尽社会责任。中国工业设计应该自主研发、自主创新，而不是从德国或者其他地方买。把好的想法用到设计中去，这样才能创造自己的品牌，形成自己的 DNA。

钱东奇有着敏锐的商业直觉，但商业直觉依循的还是他惯常的物理和哲学的思维逻辑。窗宝作为家用服务机器人中的一员，它比扫地机器人更能吸引眼球，然而，此前人们的思维都固化在了吸地上，却不曾抬头看看能不能吸窗。尽管窗宝的第一代、第二代产品设计得并不成功，当时研发总工程师都有放弃的心思了，可钱东奇绝不松口："窗宝既然是家用机器人产品,你不做谁做!"

回看窗宝的诞生,那不过是起源于一个灵感,创造的过程充满着曲折,信心也一次次地受挫。而等到它走向市场之时,最初做出样机的韩国公司却消失了。科沃斯再次捕捉住那一闪而过的灵感,这就是可敬可畏的中国公司。

破釜沉舟抢占心智第一

2011年初,钱东奇决定将所有的多级旋风吸尘器在零售终端统一下架,只卖家用服务机器人的产品。

不出意料,决定一经发布,立刻遭到销售团队的强烈反对。

当时连同多级旋风吸尘器在内的传统吸尘器产品的销售额占到公司总销售额的六七成,销售团队历时两年才成功开辟出销售渠道,正是经销商稳定赚钱的时候。从价格上来说,这个决定也令人费解。因为扫地机器人只卖1000多元,多级旋风吸尘器能卖到2000多元。

钱东奇做出这个决定的依据是定位理论。他要给消费者一个清晰的认知:"科沃斯=服务机器人",而不是"科沃斯=小家电",或者"科沃斯=吸尘器"。

从认知心理学的角度来看,一个人可以同时记住多个品类,比如热水壶、电热水壶、保温杯等等,但在同一个品类之下，最多记住 7 个品牌名。因而，在同一个品类中，当排名第一的品牌占满人们的心智时，后续品牌再进入，难度就会提高。

然而，在同一市场上对不同品类的产品进行混合销售的行为屡见不鲜。传统家电领域的巨头在开发扫地机器人之后，只是将它放在小家电的柜台中顺便销售。在消费者的心智中，这些品牌与扫地机器人这个品类毫无关系。

科沃斯要在消费者的心智中与"服务机器人"这一品类挂钩，产品特征必须鲜明，一旦在消费者心智中站住脚，再大的品牌都没有办法淹没自己。钱东奇执意扩展家用服务机器人产品矩阵的用意便在于此。但是如果科沃斯为了节省渠道费用，依然将传统吸尘器和家用服务机器人产品一起售卖，消费者就会混淆公司定位，认为科沃斯不过是又一个涉足扫地机器人的小家电品牌。

钱东奇提出占据心智的策略时，并没有读过定位理论，而是基于物理与哲学的思维逻辑，乃至于万法皆通。此后，公司管理层感受到了定位理论的价值，也进行了仔细的学习和研读。

眼下，钱东奇正着手向"微笑曲线"的另一端——建设出色的品牌，发起进攻。

把产品推向市场，在市场上树立起品牌，这个过程如同一场战役。

大量的初创企业凭借创新技术获得了融资,最后却倒在了市场化的前夜。产品功能的独特性可能只占成功的 30%,70% 的功课是把产品快速推向市场的能力,通过抢占销售渠道和抢占消费者的心智来加固产品的护城河。

钱东奇是个目标坚定、行动果断,且身段柔软的人。

要让渠道配合产品策略的变化,首先要转变经销商的观念,让他们看到专注新品类的发展和品牌建设之后,将能获得更大的商业利益。

2011 年 3 月,钱东奇用 9 天时间巡视济南、青岛、沈阳、北京、西安、郑州和武汉 7 座城市、5 个大区,与 9 大经销商见面。回到苏州后,他写了一篇《大区巡访后的思考》。这封信展示了他对未来的布局,以及对现状的反思。

在这封信中,他肯定了科沃斯在经销商和零售商中的气场和向心力。促销员反馈产品好、有信心;经销商反馈"科沃斯做的是蓝海","把代理的其他品牌弱化了,集中精力来做科沃斯";零售商说,"我们会给你们找更好的位置,上个月科沃斯是全商场坪效第三,科沃斯的路子走得对"。

这些溢美之词并没有打消钱东奇的隐忧。因为当前,科沃斯在消费者心智中的定位依然是吸尘器品牌,地宝不过是吸尘器中增加的一个新品类。钱东奇反思:"科沃斯被认知为一个吸尘器品牌,是出于历史原因。要改变这一定位也只能靠自己。我们的创新不仅要在产品上,同时也要在市场营销上……寻找到营销产品的突破口和制高点。"

当下的任务是尽快在市场上把科沃斯打造成为家用服务机器人的第一品牌,进入"蓝海",但这需要经销商伙伴的鼎力支持。

钱东奇对经销商说:"我口袋里、你口袋里的钱算来算去都有限,市场的钱才无限,把心用在市场开拓和品牌建设上才可以挣到大钱。"

科沃斯不再把自己局限在经营家电的小圈子。对于现有的经销商,钱东奇要评估他们的能力和合作的意愿,再决定市场范围和未来的合作层次,他要在经销商中引入优胜劣汰的竞争机制。对此,他的态度很坚决:"没有其他选择,科沃斯的发展一定是伴随经销商队伍的整体发展而发展的。"

他在信中写道:志同道合的经销商伙伴,不是等来的,也不是望来的,而是靠一支队伍做出来的。这支队伍就是我们自己。

钱东奇每做一件事都是从改变和提升自己开始。古人云:"法夫其上,得乎其中;法夫其中,乃得其下。"对自己的高要求、对团队的高标准是取得成功的前提条件。

在不远的未来,钱东奇认为,科沃斯应该就是行业的标杆。他在信中这样写道:"三年之后的科沃斯,就应该是行业的标杆,类似小家电的飞利浦、厨房刀具的双立人、数码领域中的苹果,而我们又不是它们其中的任何一个。我们是它们的混合体,是一个新品类的开拓者,是领头羊,让我们共同为之努力。"

钱东奇开创新品类的举措，经过时间的验证是成功的。

科沃斯在百度投放过一些关键词广告，有"地宝"（产品名）和"扫地机器人"（品类名）。针对这两个搜索关键词，从2011—2022年，百度指数呈现了截然不同的搜索趋势。开始是"地宝"搜索量大，2014年1月，"扫地机器人"的搜索量陡然增加，经过一段时间的调整后，从2015年开始就超过了"地宝"。

再来比对搜索关键词"科沃斯"和"扫地机器人"的百度指数，两者在2014—2017年间的搜索指数呈现同样的趋势，2018年科沃斯上市时，"科沃斯"搜索指数激增。从2020年开始，随着竞争者的加入，"扫地机器人"关键词的搜索不时超越"科沃斯"，但两者依然呈现同向的趋势。正像"特斯拉＝新能源车""苹果＝智能手机"，科沃斯期望的"品牌名＝品类名"，从而占领消费者心智的目标也逐步达到。

百度指数如同一段浓缩的历史，在每一个峰尖和谷底，都有一段科沃斯品牌发展历程中值得书写的故事。但是，如果把曲线的时间轴设置成以天为单位，按庄建华的话来说："根本就没有时间来享受片刻的成就感，天天都在解决问题。"

第四章

增长的法则——从10亿到百亿

突破 10 亿元的魔咒

2005 年,科沃斯的代工收入就达到 10 亿元,但是从 2005 年到 2011 年间,公司始终在这个收入规模徘徊不前,陷入 10 亿元的"魔咒"。

公司请来外部专家做咨询,得到的诊断是:10 亿元通常是一家企业的平台期,突破 10 亿元之后,上百亿元就会很快。

那么,增长的机会究竟在哪里?

一家企业的成功,努力固然重要,但有时运气也同样重要。这不,一个绝无仅有的"双增长"时代正扑面而来。

第一个增长机会来自家用服务机器人产业的爆发性增长。

据 IFR 官网公布的统计数据,2010—2016 年全球服务机器人年均复合增长率约为 10.7%,预计 2017—2020 年全球服务机器人市场总规模约为 461 亿美元。

由于全球范围内的服务机器人行业发展起步较晚,2018 年时,较大的服务机器人公司产业化的历史也不过在 5 到 10 年之间,大量公司仍处于前期研发阶段,在时间上给予了中国公司缩小差距的机会。

据《中国服务机器人市场现状调研与发展前景分析报告（2015—2020年）》，2014年中国服务机器人销售额为45.56亿元，同比增长高达34%。然而，根据德国GFK（消费品零售调查和研究公司）的调研数据，即便延续这样的高增长态势，到2018年，中国家用服务机器人在沿海城市的产品渗透率也仅为5%，内地城市更少，仅为0.4%。这意味着市场空间足够大。

第二个增长机会来自互联网电商的爆发性增长。

根据艾瑞咨询发布的《2016年中国网络购物行业监测报告》，2011—2015年，中国网络购物市场交易规模从0.8万亿元上升至3.8万亿元，年均复合增长率为47.63%，网络购物在社会消费品零售总额中的渗透率从4.3%上升至12.6%，中国网络购物市场正处于快速发展期。上网人群正是科沃斯智能产品的目标人群。

在大势背后，一些基本社会形态的变化也构成了机器人产业发展的有利条件，例如老龄化、人力成本上升、居民可支配收入上升，以及国家对服务机器人行业的政策支持。

当机会还是一个眉眼模糊、打着哈欠的小婴儿时，能够看清它本就不是一件容易的事。好在钱东奇当初在深圳工作时，就已经观察到未来有三个行业足以安身立命，它们分别是电子商务、有创新力的制造业以及物流业。经过对家用服务机器人产品几年的技术孵化和市场培育，科沃斯身处有创新力的制造业，此时已经处于市场爆发的前沿。

钱东奇在创立品牌之后，思维方式由最初的产品思维向产品思维与营销思维兼顾的方向转变。

那么，如何理解这两种思维方式的区别？

投资过爱彼迎、Pinterest（缤趣）等一批著名公司的硅谷投资人埃拉德·吉尔在《高增长手册》中谈到一个关键点："初创公司最初成功的原因是专心做产品，爆品公司的创始人常常认为产品开发是公司的首要竞争力和资产。事实上，分销渠道和来自第一款产品的客户基础才是公司最重要的发展优势和拉开差距的地方。"

产品思维催生了无数创新公司，营销思维能让公司实现规模化与高增长。

埃拉德以谷歌为例，他认为谷歌的成功也不是纯粹的"有机增长"。事实上，这家公司在火狐（Firefox）主页上买广告位，每年付出上亿美元将谷歌搜索工具栏绑定到其他下载应用里，花钱让笔记本电脑厂商将谷歌设为默认搜索引擎。接着，谷歌又凭借搜索引擎的用户基数来捆绑分销谷歌地图、Gmail、Chrome 浏览器和其他产品。

这些事例告诉人们一个道理：精明的公司要学会做自己的推广者。

寻找线上机遇

2009年,淘宝还是个新生事物,一群卖家把个人闲散物品放在"集市"上买卖,虽然它还小,但却敢跟体量庞大的eBay易趣鏖战。阿里巴巴的口号"让天下没有难做的生意"搅动了钱东奇的心思——在整顿线下销售渠道的同时,不妨也试试线上销售这条路径。

当时,企业还不能在淘宝平台上开店,科沃斯让李雁以个人名义在淘宝开出C店。等到品牌可以开店时,科沃斯于2012年在天猫和京东商城先后开出了官方旗舰店。

互联网电商在发展的第一阶段还是货架电商的形式,把线下销售搬到了线上,但它却成为科沃斯未来数字化之路的启蒙,在流量红利的时代,给了新品牌弯道超车的机会。

对于互联网和数字化工具的颠覆性,奇点大学联合创始人彼得·戴曼迪斯(Peter H. Diamandis)认为,秘诀就在指数型技术的融合。他认为:"当某些独立加速发展的技术与其他独立加速发展的技术融合时,奇迹就产生了!"

但是要看清未来的增长方式,首先要将自己的双脚从传统耕作的"泥地"中拔出来。巨头的陨落往往是因为执迷于过往的成功。在传统领地,新生品牌往往被巨头挤到边缘地带,只能去往外部寻找生境,而恰好,科沃斯找到了电商平台，两个新生力量之间得以彼此借力。

但是在2009年，想要完全看清电商给组织未来发展带来的改变并非易事。

那时可以想到的是，电商平台将带来创新的业务模式，改变"工厂—经销商—终端消费者"的传统销售路径，品牌将直接面对消费者。可现实是电商带来了更多的麻烦。因为线上渠道可以覆盖全国，而线下经销商往往划区域而治，两者在销售区域和价格上起冲突是常事。而地区经销商拿到货后，为了完成销售业绩，也会拿到线上去售卖。这就是所谓的串货，经销商之间冲突频发。

2010年，参与过线下渠道开拓的李雁被调到电商部门担任电商总监。这一任命至关重要。李雁首先要解决的是不同渠道的利益纷争。科沃斯在实践中，不断摸索着调和各方利益冲突的方式，比如开发线上特供款，在外观、型号以及一些细节处做一些变化，以示区别。

走上互联网电商这条路后，科沃斯开始尝试培养团队的数字化思维，建立数字化运营体系，这是从观念到执行力的整体提升。它表现在以下三个方面。

首先，团队要建立起数据分析能力。

科沃斯的电商部门关注四类数据。第一类是互联网热度，如百度指数和淘宝指数。淘宝指数决定品牌的淘宝人气值，百度指数决定品牌在全网的人气指数。第二类与用户获取有关，包括新增用户数、用户转化率、页面跳转率等。第三类与用户体验和用户忠诚度有关,如客户回购率、客单价等。第四类与类目排名有关,如相关产品的成交数据排名。所谓的"网感",就是个人直觉被数据不断修正后形成的经验。

电商平台另一个宝贵的数据资源是用户评论。每次上新品,科沃斯都会结合用户评价去分析产品中暴露的问题,公司内部形成定期反馈机制,问题经分类后,会分发给不同的部门,后续由电商团队继续监测产品改进后的用户评价。

初期,消费者对于扫地机器人产品的不满主要存在毛发缠绕、随机乱撞等。还有消费者提出,为什么只能吸不能拖。当机器有了拖地功能之后,消费者又反馈,不希望手动换水。

当年,钱东奇在制定家用服务机器人的技术发展蓝图时,依据的是自己对未来技术路线的判断,而进入电商时代,用户话语权的分量越来越重,逐渐有了共创的雏形。

科沃斯的主力消费者会是哪些人呢?根据大数据形成的用户画像,科沃斯的消费者中女性占多数,年龄集中在25至45岁。

2009年,科沃斯请徐静蕾做代言,2016年又请来小哇钟汉良做代言,科沃斯成为家用服务机器人领域第一个请代言人的品牌。李雁说:"请小哇做代言是因为客户中有不少女性。小哇代表着一种积极向上的形象,平易近人、温文尔雅,他的形象比较符合品牌的气质,务实低调。"

说到与钟汉良的合作,这中间还有一个有趣的故事。

在《科沃斯机器人为什么牵手钟汉良》一文中,钱东奇尝试着用互联网语言来表达，他这样写道：

> 今日，钟先生已经被誉称为"金中水又良"。他既呆萌又帅气，既严谨又有创意，既贴心又霸道，这样的集合体一定是非神即妖。
>
> 虽说经营企业要单一很多，但是，一家优秀的企业一样要具备这样的特质：在做产品的时候必须严谨务实，一丝不苟；为超越用户的预期，必须不断创新；对待用户要细心体贴，开拓市场时又必须霸道进取。至于呆萌帅气这一点嘛，咱们科家的旺宝和"小哇"估计还是有得一拼的。

其次，互联网电商是对组织能力和执行力的考验。

在数字化平台上，一线员工所掌握的信息与管理者一样多，这颠覆了传统组织管理者所拥有的信息特权。由于数字平台的销售和信息传播均快于线下，管理者需要给予一线员工更多的授权，让他们在第一时间解决问题，组织必须变得更为敏捷、高效。

以电商大促为例，以往品牌可以直接从自家仓库发货。2015年以后，主流电商平台为了保证下单成功就能收到货，要求品牌先将货物托管至其位于全国各地的仓储物流中心。为配合电商平台，品牌商需要提前将产品生产出来，客观上占用了更多的资金。若产品有退回，物流费用也是很大的损失。因而,电商大促需要全局的把控能力。围绕"双十一"大促,组织会进行灵活调整,从而保证运营的敏捷性,从前端电商团队对"爆品"的预测开始,到制造团队的备货、生产,营销团队的推广造势以及客服团队的售后响应,每一个环节都要能够环环相扣。

由于电商平台销售状况瞬息万变,领导需要亲临一线,才能以最快的速度发现并解决问题。每年双十一前一个月,李雁和同事们就要开始监控各平台每天的数据,如页面停留时长、商品有无加购物车等,双十一当天,团队会对数据进行实时监测,只要关键数据发生改变,就要分析背后的原因,及时做出调整。每年的这个时候,钱东奇、钱程、庄建华和高管团队都会坐镇一线,保持组织决策链条最短,遇到问题时,高管可以随时出面解决。

除了组织能力建设,钱东奇也非常关注员工的士气。每年"双十一"临近时,他会亲自给员工做战前动员,这已经成为一种仪式。从企业宣传栏张贴的历史照片中可以看到年轻团队"战必胜,攻必取"的豪情。钱东奇在一个个大战的深夜,笑意盈盈地站在年轻员工身旁,看着拼劲十足的团队,每个人的脸上都洋溢着赢的激情。

士气可鼓不可泄,从2011年的"双十一"开始,科沃斯持续拉出一根漂亮的增长曲线,从2011年的200万元开始,飙升至2021年的16亿元,10年间,销售额翻了800倍。

庄建华说:"我们其实是把品牌和消费者放在了心中,这样一来，做生意就是很简单的事情。只要服务好消费者，付出真心，思考如何为他们做到极致就可以了。越纯粹的市场竞争，结果就越令人兴奋。因为市场数据不会造假。科沃斯拒绝刷单，就是要看到最透明的数据，要听到最真实的声音。"

第三，互联网电商也是对服务能力的检验。

互联网电商成功的本质在于特点鲜明的产品和服务。

科沃斯销售的不仅是高价的科技产品，还是全新的品类。人们在线下购买时，可以通过试用，充分了解产品信息，但是在线上，体验感差是先天的短板，需要在服务上加以弥补。

为了弥补这一短板，科沃斯从消费者旅程的一头一尾加以完善。

首先是在网页上充分展示产品的特性。科沃斯把"三张白纸法"拍成演示视频放在产品页面中。钱东奇要求：所有的说明和宣传都要做到简明、生动、扼要。比如强调扫地机器人的功能是"解放双手"，科沃斯就请来徐静蕾做代言人，充分展示"解放双手"的乐趣。借助老徐的知性，建立品牌声誉。

然后是打消顾客的购买顾虑，提供更多的保障性服务。科沃斯提供"30天内无理由退换货，60天内免费换新"服务，并且维修业务也随着消费者的分布而就近配置。在全国，科沃斯设置了充足的维修点。为了更准确地掌握产品的使用情况，客户服务部门还会安排电话回访，定期与消费者联系。

服务工作虽然不起眼，但是一旦做好做扎实了，就能走入消费者的心。

在电商业务的发展中，团队逐渐具备了数据分析能力，从中获得消费者洞察；也建立起更为敏捷高效的组织，强化了团队的执行力；同时通过做好服务，在消费者中建立起良好的口碑。这些扎实的基础工作使得科沃斯拥有了与电商平台商谈如何更好地发展品类的能力。

2011年，科沃斯与电商平台商谈，要求平台新设"扫地机器人"这个类目。因为从这个类目进入，科沃斯将是唯一的品牌，但如果从"吸尘器"类目进去，科沃斯会被埋没在无数个品牌之中。

电商平台接受了科沃斯的建议。但是初建类目时，由于消费者对"扫地机器人"还比较陌生，这一关键词的搜索量并没有特别明显的变化，反而是电商平台主页上陈列的类目名引起了人们的好奇，他们会询问客服：扫地机器人与吸尘器究竟有什么区别？

顾客的好奇心上来了，市场教育的工作也就好做了。

科沃斯在电商平台后续的发展果然不负众望。2015年，公司通过天猫商城（含淘宝网）实现的销售收入占到营业收入的27.28%。这一年B2C渠道销售的服务机器人占服务机器人业务收入的57.22%，且因为直接面向终端消费者，毛利率也较高。

寻找线上机遇

1.
2011年12月14日,科沃斯电商工作启动会

2.
2016年,钱东奇与钟汉良在科沃斯发布会上,同时官方网站首发上线

所谓"一窍通，百窍通"。跑通了天猫、京东的平台运营之后，科沃斯的线上渠道进一步裂变，进入唯品会、苏宁易购、当当网、国美、1号店及银行网上商城等各大电商销售平台，随着互联网使用人群的日益扩大，整个家用服务机器人产品也随之走向了千家万户。

线下渠道持续裂变

在线上业务高速增长之时，科沃斯的线下渠道也在持续裂变之中。

科沃斯的线下销售渠道主要为购物中心、百货商场以及家电连锁、商超等零售业态中的专柜、专厅等门店，这些渠道大致分为直营和代理两种。

在直营中，科沃斯自己在各类零售终端开设门店，面向消费者；代理则是科沃斯将产品批发给代理商，再由他们通过其线下终端门店或其他渠道进行销售。无论是哪种销售模式，科沃斯通常都会自行组织或与代理商协同开展产品的营销活动。

2012年，科沃斯试行专卖店模式，这一模式分为独立门店和高端百货商场专柜两种。当年4月，科沃斯在济南开出恒隆广场店，之后，又在北京、天津、常州、南宁、哈尔滨、重庆等城市开设了独立门店，在深圳、杭州、成都等城市的高端百货商场设立了专柜。

随着品牌影响力的提升，原本强势的家电连锁企业，反过来邀请科沃斯入驻。科沃斯有选择地进入了一些位置较好、销售额较高、消费群体匹配的门店。公司选址的前提是，位置可选、扣点费用合理。到2013年，科沃斯零售终端达537家，覆盖各大省会城市及一些重要地级城市的高端百货专柜。

线下零售除了销售产品外，还承担了一部分品牌塑造和产品展示的功能。2015年之后，科沃斯通过线下零售渠道销售的服务机器人比重逐步提高。

科沃斯在销售渠道中持续加强渗透。公司还设有专门的销售团队，对电视购物、礼品团购、批发等渠道进行覆盖。

渠道多了，自然会考验公司对渠道的管控能力。公司的代理商不仅要通过严格的渠道认证程序，还必须严格遵守公司的营销政策，包括价格政策、渠道政策、推广政策、产品型号政策等，避免出现串货、价格体系混乱等不利局面。这些举措进一步巩固了科沃斯的品牌形象。

客户体验：下一个增长点

互联网像一个财富效应的放大器，尽管科沃斯以每年百分之几十的增速在成长，但中国扫地机器人的市场渗透率还不到10%，资本很快就看到了这块草丰物美的"猎场"。

那些新进入扫地机器人市场的品牌在资本的加持和日臻完善的供应链体系下，可以跳过科沃斯前期漫长的摸索过程。并且，它们还可以借助全新的分销渠道和全新的内容创造体系，挑战产业中原有的领导者。

市场营销学的研究告诉人们：争取一位新用户的成本是留住一位老用户的 5 倍及以上，然而在利润贡献方面，老用户却是新用户的 16 倍。

科沃斯一方面希望提高品类渗透率，做大市场蛋糕，另一方面要留住老用户，提高转化率。

如今的营销界在讨论营销成果时，开始摒弃传统的 KPI（关键业绩指标），如销量、利润率等，转而采用 NPS（Net Promoter Score，净推荐值）来衡量营销成果。NPS 是消费者向他人推荐某品牌/产品/服务的可能性指标，也是国际通用的消费者忠诚度分析指标。

从销售产品到精耕客户忠诚度，增长的命题开始进入了"软兵器"时代。老子对"柔"的观点是"天下之至柔，驰骋天下之至坚"，意思是天下最柔弱的东西，可以驱使天下最坚硬的东西。

当变化初来之时，通常只是发出微小的嘈嘈切切之声，过程缓慢、反复，甚至波折不断，考验的是领导者见微知著的能力和臻于至善的决心。

让客户忠诚于品牌的前提是企业拥有同理心。《叙事经济学》一书的推荐序中有这样一段描述：

> 一直以来，人文科学的意义在于寻找共同的价值观基础。……产品经理不仅要从功用主义考虑产品的功能属性，还要从美学意义考虑产品的设计、交互和体验；医生对病人不仅仅是治愈，还要宽慰；人工智能科学家，不仅要从效率和安全上思考技术的革新，还要以有温度的方式思考劳动者的长远价值。一旦企业家掌握了影响商业波动的集体情绪密码，就能够把产品的价值回归到客户真正需要的价值区间。同理心能够在更大的格局上……用贴近人生经历的本质来指导思维与决策。

科沃斯很早就设立了售后服务部，处理产品维修、客户投诉事宜。不少公司会因售后服务工作的高人力成本和低附加值而将其外包出去，以此降低成本。在整个公司内部的价值链中，售后服务部门往往位于价值链的末端。

但科沃斯并没有这样做，反而在不久之后将售后服务部几易其名，改为客户关系管理部（2014年）和客户体验部（2018年）。单从名称的变更上，就能看出科沃斯在改变售后服务的策略——通过挖掘客户的价值，将"以产品为中心"转向"以消费者为中心"的模式。

"以产品为中心"模式注重的是产品的差异化，关注的是市场份额；"以消费者为中心"模式注重的是消费者的差异化需求和消费者的忠诚度。当以"人"为中心时，对消费者的行为研究便放在了重要位置。个体和群体如何选择、购买、使用、处置产品和服务，他们的观念、生活方式、家庭、个性、信仰会在哪些程度上影响消费决策，这些都需要借助大数据来洞察，只有当品牌拥有自己的消费者流量池，直接面对消费者做沟通时，才能看到其中精微的变化，这便是时下大热的"DTC"（Direct To Customer）营销模式。

近十年，美国诞生了一批基于互联网的 DTC 企业。首创者是成立于 2012 年的美元剃须俱乐部（Dollar Shave Club），它通过社交媒体的内容营销以及独立网上商城的运维能力，挑战吉列在男士剃须刀领域的统治地位。

如今，科沃斯自己的 App 客户端和官方商城积聚了千万级别规模的用户，客户体验部已经发展成为公司至关重要的部门。在科沃斯的定位中，客户体验既是上一个客户生命周期的终点，也是下一个周期的起点。由客户忠诚度带来的价值或将带来下一个增长的机会。

每当回顾公司的历史，回溯创始人的每一个决策，人们不禁会有一种悬丝之感。如果决策者在那一刻放弃了某些事，结果又会怎样呢？这是一种"如果……就……"的假设。所幸，科沃斯没有轻视售后服务部门的价值，而是在日后将其转化为价值创造部门。

2011 年，崔前柱加入科沃斯，成为电商售后服务部门的负责人。令他印象深刻的是，在各种大会小会上，钱东奇都会反复强调，他自己就是科沃斯的首席产品经理，从骨子里透着对产品的执着。由于产品非常新,钱东奇担心消费者遇到问题时体验不佳,因而他对售后服务部门的定调是:服务就是产品的一部分。他把用户体验放在了与产品同等重要的位置上,崔前柱听得最多的叮嘱就是:"你们要把消费者遇到的问题处理好。"

最开始,售后服务部面对的是一堆零散的销售数据,大多有关产品修理、零件更换等。线下的数据多由导购员手工录入,时效性不足,准确率也不高,更谈不上数据的分析和应用。

运营了一段时间之后,管理层发现,售后部门其实有不少和消费者接触的机会,比如维修、电话咨询,这些触点都是了解消费者需求的机会。售后部门被动地等待消费者咨询是远远不够的。

公司提出要求后,售后部门开始积极筹划拓展服务范围,提供更多的在线服务和自助服务。其实很多消费者是不愿给客服打电话的,如果有一个方便的入口,他们自己就会去完成报修。于是,团队在官网、App、小程序、公众号等各触点上提供在线自助服务,快速解决问题,这既提升了效率又降低了成本。

在主动服务中,售后部门还引入了用户回访机制,将服务前置,告诉消费者需要注意的使用事项。

2014年,科沃斯将售后服务部更名为客户关系管理部,上线了客户关系管理系统(CRM)。面对那些在系统中累积下来的数据，团队开始思考，在消费者的全生命周期中，服务究竟能发挥怎样的价值。

售后服务、客户服务只是最基本的工作，团队考虑通过分析消费者的诉求来做一些口碑的推广工作，提升销售转化。但是管理层认为这个思考并不全面，要求团队做出专业的消费者体验研究。

2018年，客户关系管理部更名为客户体验部后，团队明确了职责：成为获取消费者之声最前沿的部门之一，把对市场、对消费者的认知和理解，传递给产品部门和研发部门；服务好消费者，让体验结束的一刻成为口碑传播之始。

接下来，客户体验部把服务范围从原来的电商平台和销售渠道，进一步拓展到社交平台，在小红书、微博、抖音等平台开设了官方售后账号，同时也在社交平台上主动搜索消费者分享的使用体验，一旦发现有问题要解决便主动联系。

其实早在2015年前后，钱东奇就在筹划将客户沉淀在公司自己的平台上。他经常召集大家开会讨论官网建设事宜。同一时期，有许多企业建立了官网，但大多仅仅是个门面，除了展示公司形象和产品，似乎不再有其他的用途。

钱东奇建立官网的构想，主要是让消费者有一个家的感觉，所有的诉求都能在官网得到解决，获得与电商平台不同的体验。比如官网可以提供最全的耗材配件，遇到使用问题时能够得到客服快速的帮助。为此，团队开始把CRM系统中的用户数据沉淀到官网中，建立起会员积分体系，并着手把各个平台上的消费者引流至官网。

虽然扫地机器人不属于高频消费，但是客户体验部门通过数据分析却发现，老客户的复购率可以达到20%。消费者使用体验改善以后，他们会在官网上为朋友、父母购买产品，或者在年节时，把扫地机器人作为礼物赠送。科沃斯为官网会员推出了一些专属服务，如旧机换新机的优惠、新品首发、积分抵扣耗材等，以提升会员的活跃度。这些洞察与精耕细作，让官网商城成了科沃斯成长最快的销售单元之一。

由于客户体验部拥有消费者数据这座"金山"，在公司价值链中，其地位也发生了变化。公司启动新品研发时，客户体验部要代表消费者，梳理出原有产品存在的问题、消费者诉求以及消费者对产品的认知和期待。

客户体验部将相关意见提出后，经过研发团队的共同评审，其中有价值的部分将落实到研发项目中。但有时，客户体验部提出的要求很高，研发部门考虑到时间周期以及技术现状，双方会再行商议一个折中的方案。

客户体验部如果在客户端识别出某问题是一个必须解决的问题时，他们的职责是在各个会议上呼吁各方重视。如果研发评审机制对解决这个问题的推动力度不够，客户体验部可以将问题提交至公司高层去解决，由公司分派资源。

产品上市后，客户体验部要在第一时间收集整理各个渠道的消费者反馈，每天输出分析报告给项目相关人员。他们不仅要找到问题点，还要主导解决下一步的问题，从研发时的参与者转变为产品上市后的解决问题的主导者。这体现了科沃斯从产品思维向用户思维的转变。

什么才是最好的体验？从消费者需求来说其实很简单，那就是快速解决问题，甚至产品或服务不要产生问题。企业把未来可能出现的问题解决在前，这才是给消费者最好的体验。

第一代窗宝问世后，有消费者反映机器移动到窗户的边角时会被卡住，于是客户体验部将这一情况反馈至研究中心，建议增加遥控器功能，作为 App 控制失灵时的备用装置，另外，他们根据消费者反馈过来的使用痛点，在和研发等团队的讨论中，一起构想出边擦窗边自动喷水的功能。很快，改进后的窗宝在体验上有了质的飞跃。客户体验部门从退货率以及客服电话的情况反馈中也证实了倾听消费者的声音所带来的成果。

近来，客户体验部门开始思考如何打造上门经济。售后人员在把产品安装好或维修好后，还可以根据消费者的实际情况，提供更为精细化的产品和服务，比如产品延保、用积分兑换配件和耗材等。这也可能成为一个因客户体验提升而带来的机会点。

是什么让消费者信任一个品牌？那是能力、善意和诚实。消费者通过体验来判断品牌的能力，他们能感受到品牌是否清楚地了解他们的需求和期望，他们对品牌的评价取决于是否获得了友好的服务，这就是客户体验能给品牌带来增长的底层逻辑。

从挖人才到育人才

近几十年来，在中国的民营企业家中，有不少是从政府部门或国有企业离职后转身下海的，钱东奇就是其中之一。他们知道企业规范治理的重要性，但什么是真正的现代企业治理，这些创业者并没有亲身经历过。在创业初期，不少人希望通过引进跨国公司的职业经理人，来帮助企业补上这一课。

起初，钱东奇知道公司"庙"小，招不到跨国公司的职业经理人。当公司有了一定的积累之后，他开始斥重金聘请全球著名咨询公司前来公司做项目，通过以练带学，上系统做项目等方式，开阔团队的眼界，加速人才的成长。

于是，李雁等一批二十几岁的年轻人便成了最大的受益者。他们进公司后不久，就跟在普华永道、毕马威、摩根史丹利等公司后面做项目。这批年轻人在跟咨询顾问的合作中，不仅学习到了现代企业的管理方法，也学习到了咨询顾问身上所展示出来的职业精神和专业素养，这些气质在潜移默化中推动着团队的成长。

随着公司业务的快速发展，企业销售额从1亿元往10亿元的规模不断攀升。业务的过快增长,让突然被撑大的组织"关节"到处咯吱作响。2003—2005年间,企业代工的产品不断出现返工。

这一时期,钱东奇将大部分精力投入研发创新上,另一边,生产运营也是极耗精力的事。显然,单靠他和初创团队这些人,已经无法适应业务的快速发展了,组织需要良将来解决发展问题。

自然而然的,科沃斯想到了"空降兵"。

从企业发展态势来看,管理小团队的员工尚可以自己培养,因为这些岗位大多重在做事,但是能把企业管理带入全新发展格局的良将,一时难以从组织现有的人才体系中产生。

2005年前后,钱东奇开始招募具有世界500强背景的制造总监、研发总监等人才进入公司高层管理团队。这些人才的履历过硬,有的甚至管理过上万人的团队。钱东奇和创始团队都抱着学习的心态,希望这些"空降兵"的到来能够提升组织能力。庄建华就亲自招聘了好几个她的领导进来,在日后的工作中,她给予这些领导大力的支持,帮助他们快速融入企业。

然而,这些职业经理人在企业工作的时间都不长,短则5个月,长则一年。

一位空降来的总经理从2005年到2006年坚持了一年多,算是工作时间最长的。他到公司后,认为这里管理散漫,便着手推行军事化管理,从细节抓起,来提升组织的执行力。

他要求员工上班时把工作服都塞到裤子里,每天早上,他亲自站在门口迎接员工,检查有没有带入不该带的物品。

创始团队信任他,积极支持他的改革措施,可是一天天过去,他们发现这位总经理每天关注的依旧只是一些细枝末节,对影响公司的重大业务问题往往没有很好的解决办法。

尽管早期空降高管的尝试不算太成功,但在高管离职时,钱东奇都会与他们做离职恳谈。他得到的反馈是,在这里工作没有成就感。在外企,他们是在一套成熟的体系下工作,部门之间的衔接度和流畅度高,一切都在计划中,因此工作容易得到及时的反馈,也就容易获得成就感。

然而在科沃斯,他们被尊重,被委以重任,但是却困于永远解决不完的问题。每天,他们耗尽九牛二虎之力解决了无数个问题,但是下一个问题又突然冒了出来。工作就像打地鼠一样,永无止境。

创始团队曾经想挖一位外企的高管,对方很诚恳地表达了他的想法。他说,外企是一个球队在踢球,各有分工,相互传球。但是在民营企业,他要指导每一个人传球,等到他自己踢球时就踢不动了。这是他多年来与民企打交道总结出的经验。

钱东奇不得不反思。他在公司内部发起讨论:我们到底需要怎样的干部?我们迷信过这些来自世界500强企业的精英,但是他们最后都走了。我们创业团队自己能不能承担起责任?

经过此番对比，创始团队看到，内部培养的人才与外企职业经理人最大的区别就在于解决问题的能力。科沃斯一直在快速发展，但是问题不断，团队希望借鉴外企成熟的管理方法，用系统和流程来消除不确定性。

然而，这一做法在此后看来效果不明显。外企的管理系统适配的是企业发展的成熟阶段，管理者只要按照既定的方向按部就班地执行就可以了。对于一家正处于高速发展期的创业企业，首先需要的是快速解决问题的能力。面对每天大量涌入的业务以及层出不穷的问题，管理者需要一边跑，一边纠偏，否则等到分析、计划、流程慢条斯理地都配齐，客户早跑了，这是一个给疾驰中的火车更换轮子的过程。

虽然人才没能留住，但科沃斯还是学到了不少经验。在外企与创业企业两种属性的企业对比中，创业团队发现，外企职业经理人很难放下身段，学习创业企业的应急能力和快速处理问题的能力，一切皆流程的观念已经固化在他们的行事原则之中。

反之，科沃斯在保持"急救能力"的同时，时刻反思如何让自己摆脱这种状态，外企的管理方法虽然慢，但稳当，所以需要两相结合，创造性地适应当下的发展环境。

早期的"空降兵"虽然来去匆匆，但他们却像个对照组，让钱东奇看清楚了不同管理方式的优劣，由此，创始团队坚定了在公司内部培养人才的想法。

科沃斯因发展需要，组织结构要不断地做出调整，岗位也会动态变化。员工像子弹一样，哪里需要就往哪里飞。人才是在大浪中被淘洗出来的，周蕾便是这样锻炼出来的。

2008年，科沃斯受全球金融危机影响后，把开源节流的行动提上了议事日程。与此同时，公司却反向操作，斥资200万元聘请外部咨询公司，在企业内部推行精益管理，力求降本增效提升品质。

精益制造标杆的任务落到了周蕾头上。周蕾在跟松下的项目时，看到松下员工经常会在不同岗位流动，前端做研发的工程师会轮岗到后端的制造部门做品质管理，因此，她认识到岗位流动对于企业是很正常的，公司需要她做什么，她都愿意去做。在精益制造的改造中，周蕾要解决的难题是：如何同时提高产线的人效和生产品质。

原来的一条产线上有五六十名工人，浪费很多，品质问题也很多。周蕾从效率的角度尝试过让一个人从头到尾负责一条产线的极端情况，同时还配合着计件制的考核。但事后发现，这样做其实是把人性之恶给激发了出来，员工漏检时不会吭声，等着蒙混过关，万一抽检到就自认倒霉。

一条产线具体要排多少人，需要在实践中不断摸索。但在人员的调整中，产线出现了纰漏，不良率反而上升了，还发生过消费者收到的吸尘器中没有集尘袋的情况。有段时期，周蕾有些沮丧，怀疑自己能不能推动这个项目。

一天傍晚，钱东奇来到车间，他看着周蕾又累又委屈的样子，默默地把双手搭在她的肩头，推着她在车间往前走。周蕾瞬间感受到一股力量，她觉得老板就像对待自家的孩子一样，信任她的努力。至于她在实践中出现的问题，钱东奇一句责备的话语都没有。

这就是钱东奇的风格，他要保护那些有意愿、有主动性的员工，犯错是学习成长的必经过程。

周蕾很争气。到2009年，她已经掌握了方法，把产线调整到了最佳状态，效率翻番，不良率下降一半，客户通过一次次的加单来肯定她的成绩。在科沃斯，像周蕾这样在不同岗位得到锻炼、提拔的例子有很多。

科沃斯从十亿元规模往百亿元规模发展的过程中，最难的还是人才储备。庄建华感叹，企业在扩大版图的过程中，很多关键岗位无人可用。外聘人员虽然拥有组织急需的新技能，但他们对于进入组织后的各方要求较高；而内部人的忠诚度更高，因此往往也要给予成长的机会和同等的待遇。因此，如何做到内外平衡，厚此但不薄彼，这些都是成长中的企业绕不开的难题。

2006年，钱东奇决定做品牌时，曾经有过一个讲话，谈到未来十年的使命不是做代工，而是基于企业现有的基础做创新和品牌发展。他说："这可能是最艰难的一条路，但应该能走得更远。"

如今，预言成真。2021年，科沃斯集团销售额首次突破百亿元大关，达到130亿元。其中科沃斯服务机器人营业收入达到67亿元。从10亿元到100亿元，科沃斯突破了增长魔咒，也开辟了一片新天地。

第五章 开启全球化时代

磨 砺

2012年，钱东奇的儿子钱程从加拿大英属哥伦比亚大学毕业后回国，他选择进入父亲的公司工作。

钱程出生于1990年，人生的三个十年分别在三个不同的地方生活。他出生、成长在深圳，11岁出国，22岁回国。这三段经历带给他不同寻常的体验，见识了世界的广阔与文化的多元，充满变化的生活对他的影响是：一切皆有可能。

钱程在求学时，对父亲的事业了解甚少。在国外，有人问他父母的职业，他漫不经心地回答："我父亲是个商人，做吸尘器的。"他没觉得父亲的职业有什么特别之处，甚至听起来还不如医生那么有高级感。

把他引向商业这条路的不是父亲，而是每天听闻的高科技企业的创业故事、硅谷人物传奇，特别是乔布斯用"苹果"改变世界的宣言，撩拨着他的创业热情。他会借着父亲去硅谷出差的机会，跟着一起去看、去学习，甚至主动找来《哈佛商业评论》阅读。父亲察觉到了儿子对商业的兴趣，开始向他推荐一些商业书籍。

钱东奇是个"放手型"的父亲，他没有刻意影响儿子的职业选择。钱程想来公司上班，他不拒绝。钱东奇的态度是，如果这份工作不是孩子的自愿选择，你将很难把他带上轨道，如果他的初心就在这里，这事就好办了。

钱程愿意来，父亲就要花工夫考察他是不是做企业的料。有意愿和有能力是两回事，这可是一份涉及几千人就业的事业，作为企业家，同时作为父亲，他需要理性而冷静地平衡二者的角色。

但是仅仅有意愿、有能力还不够，做企业，尤其做高科技制造业，是一件非常辛苦的事，前路将有无数的磕磕绊绊，他要看钱程在受挫之后，还能不能依然坚定地朝着目标而去。在钱东奇的标准中，一个合格的企业家要同时满足三个条件：意愿、能力和毅力。

2012年，钱程来科沃斯报到。入职第一周，父亲让他去车间实习。钱程没有系统地学习过生产制造，只能在车间里打零工。7月的苏州溽热难耐，钱程穿着工作服在车间折纸箱，他没戴手套，一天下来，手上全是被硬纸板划出的血口子。又有一天，他被车间领导带到产线上打螺丝，站了一整天，一旁的工人还好奇这个斯文的大男孩是从哪里来的。一周下来，他带着一手的伤和腰酸背痛，生出了对父亲的敬畏："以前竟然不知道制造业有这么苦。"

钱程的表现倒是出乎钱东奇的意料。父子俩从未就职业发展的事做过深度交流，钱东奇甚至想过："我认为这小子三个月就得走人。"

结果三个月下来,钱程没有走。钱东奇心里一动:"可能他是有想法的!"

钱程的确是有想法的。在加拿大独立生活期间,他要独自面对很多问题,也犯过错。他的心态是犯错后肯定要吃苦头,但他要把犯错的经历走完整,否则让父母中途介入去改变并不是一件好事。学会吃苦会给自己一种无敌的心态,伤痕在某一天也会成为勋章。

他来公司的这一年,科沃斯正在尝试开辟电商渠道。但因为电商业务还小,所以在车间实习结束后,父亲就让他先去电商部门报到,从一个还小的"边缘"部门干起。一个月后,钱东奇想试试他的能耐,正好公司在筹备"双十一"促销活动,他让钱程独立带领清洁类小家电业务单元的电商团队,通过实战去摸索一些经验。

相较于科沃斯品牌的线上销售规模,这个业务单元的线上销售规模要小很多,在公司的业务收入中几乎可以忽略不计。钱程不愿放过这个难得的机会,希望一战成功。他带领一个小团队,做好了周详的规划,满怀希冀地准备迎接"双十一"。

11月12日凌晨,钱东奇已经收到了各业务部门的战报,钱程带领的团队业绩是垫底的,100万元的销售目标远远没有完成。他走进钱程的办公室,看见儿子红着双眼,几个年轻的员工还在哭。而这次科沃斯品牌的线上成交额突破了

1000万元，6倍于2011年"双十一"的销售额。

钱东奇突然动了恻隐之心，他原本想说些什么，想了想，还是忍住了，这个跤是必须跌的，钱程应该了解做企业并没有那么简单。

时至今日，钱程回想起当年的这场"双十一"，对父亲的评价就是一个字——"磨"："一个刚毕业的人，才学了几个月的电商就要带团队做'双十一'，这不是'磨'我吗！"

钱程哭归哭，怨归怨，压力释放后还得把事情继续做下去。他收拾好情绪，召集团队开会复盘。之后三年，他一直在这个业务单元担任电子商务经理，把线上业务从近乎零做到了三四千万元。

钱东奇虽然忙，但一直在悉心观察钱程的表现，看他在每一件事上的应对方法。他有足够的耐心去等待儿子的自我蜕变。看到钱程把电商业务有模有样地做了起来，他便给儿子加任务，去创建一个全新的品牌。成不成功并不重要，他不过是借助这些边缘性的业务来打磨钱程的能力，让他在实战中去理解商业的基本规律。

钱程回想起最初父亲对他的培养时很是感慨："我不认为父亲对我的培养是有意而为之的，但这也有可能是他隐藏得好。真正的高手是在潜移默化中影响他人，你根本感觉不到。"

1.
2013年,钱程负责清洁类小家电品牌"TEK"(泰怡凯)
2.
2014年,科沃斯新品发布会
3.
2016年,科沃斯新品发布会

磨砺

父与子

1.
2.

1. 2017年，钱东奇和钱程一同参加电视节目录制
2. 钱东奇和钱程一同登上福布斯中国杂志2018年11月专刊

初试国际化

一年一度的广交会是科沃斯联系客户的重要展会。

钱程刚进公司那会儿,跟着科沃斯品牌的团队去广交会参展。他在偌大的展会转了一圈之后,发现只有他们一家在卖扫地机器人。他并没有为此自豪,心底反倒升腾起了一种危机感:万一以后别人都来卖扫地机器人了,科沃斯该怎么办?

广交会上来的大多是品牌商,他们是来找代工厂的。那些客户走到科沃斯的展台前,询问产品情况时,科沃斯团队说只找品牌代理商,不做代工。听到这话,不少客户忍不住投来匪夷所思的目光:"你们居然要在广交会发展代理商?!"

科沃斯当时的无奈在于,因为没有品牌影响力,也不了解国外市场的情况,所以只能找海外代理商。说是做品牌,其实跟做OEM也没什么区别。科沃斯品牌最初的"国际化"成果,不过是销往海外的订单和出货额。

钱程看到了这些问题,模模糊糊地,他有了一个品牌全球化的想法。他有语言和跨文化的优势,也许这是一条可以尝试的路径,赶在别人前面把品牌推向国际市场。

钱程曾经把这些想法和父亲交流过。2015年的一天,钱东奇把钱程找来,问他有没有做好开拓国际市场的准备,他想任命钱程为科沃斯海外事业部负责人。

鉴于钱程的留学背景和生活经历,他的确是个不错的人选。一直以来,钱东奇视科沃斯的海外业务是主赛道的一个分支,但是在钱程还不能证明自己综合业务管理能力之前,他不敢轻易将主赛道业务交给儿子来打理。

钱程在海外业务中将面临怎样的困难,钱东奇是清楚的。一个初出茅庐的年轻人,能够让未来团队中来自各个国家的高管信服吗?他能够识别出市场机会吗?他能够与各地的代理商建立起业务关系吗?

虽然国内扫地机器人的市场足够大,而且上升速度很快,但钱东奇看到的机会却是,美国市场的增速更快,发达国家消费者的接受意愿也更高。科沃斯扫地机器人进入市场早,与全球品牌在技术上几乎保持同步,加上品类新、市场渗透率低,几乎所有品牌都面临着同一个挑战——抢夺消费者建立品牌认知的时间窗口期。如果科沃斯等国内市场完全成熟再转头来做国际市场,那时海外消费者的心智可能早已被其他品牌占据,科沃斯想再攻入就难了。

全球化是钱东奇一直以来想开拓的业务方向。早在2012年,他就在美国和德国设立了分公司,2014年在日本也设立了分公司,招聘他此前有业务联系的国外公司高管担任总经理,但这些公司在经营上迟迟未见起色。由于当时正逢国内市场蓬勃兴起,钱东奇的精力顾不过来,这事就暂时搁置了。直到2015年,科沃斯在国内市场的基本盘稳固下来,有了更多的资本和能力,这时才重提全球化。

经过三年的历练,钱程火候初成,这个任命正中他的下怀。

可是,等到他坐在这个位置上,从账目开始查起时,这才发现要解决的问题有很多。

2015—2016年,钱程展开了对海外市场的摸底调查工作。一年多的时间,他跑了三十多个国家,并创下一个月跑十多个国家的纪录。

钱程做事既有心也很用心,在海外考察时,他不仅调研销售渠道的情况,还尝试着去了解当地人的家居环境和清扫习惯。然而要做入户调研,需要建立一些私人关系才行。因此,每当遇到那些热情的客户时,钱程便会多一个请求,请求客户带他去家中看一下居住环境,与他们的家人做一些交流,了解家中不同角色的人对清洁的需求。钱程的本科专业是社会学和心理学,田野调查是社会学常用的方法,这可谓学以致用,他能比别人多一个视角去观察当地人的生活形态。

此后,做海外市场的同事养成了一个习惯,每次出差回来,都要写一份关于当地市场消费者清洁习惯和住宅特点的报告。从这些分析报告中,团队寻找当地消费者与中国消费者在需求和行为习惯上的差异点,以便为产品研发提供方向。

在海外市场调研中,团队发现,包括日韩在内的亚洲市场,家庭大多以硬质地板和大理石地面为主,此后,科沃斯将配备有蓝鲸清洁系统的扫拖一体机器人产品也同样推向这些市场。

针对欧美消费者频繁吸尘的习惯，科沃斯是最早推出集尘基站的中国品牌，同时团队观察到欧美家庭养宠物的比例较高，欧美家庭地板又是以地毯居多，宠物毛发嵌在地毯纤维中较难清理，因而科沃斯在为欧美开发的产品中，加强了产品吸力，改变了风道设计。

针对像日本等国家庭居住面积小、家具比较低矮的情况，团队专为日本市场开发出比常规产品尺寸小一圈、也更薄的扫地机器人，能灵活钻入家具底部，或者进入房间的角角落落。

然而，并不是每一次调研都是顺利的。初期，业务人员没有任何当地渠道的数据，他们就采用笨办法，站在目标门店的门口数客流，一数就是大半天。有些商场管理人员以为他们是来偷商业情报的，不断过来驱赶他们。

在跑海外市场的经历中，最难忘的恐怕要数2016年的印度之行了。钱程带队到印度的第一天，当地酒店居然停电了，在40多摄氏度的高温下，他热得拿水一遍一遍地浇自己。在接下来的两周，他和团队就在这样的气候条件下，从北到南跑3座城市，拜访近20家经销商，其中包括3家印度的电商巨头。印度的路况不好，在车上，他们时常被颠得五脏六腑跟着一起跳舞，凭意念感受着车内勉强吹出的空调。团队中有人吃不惯当地的食物，时不时就会拉肚子。这两周的考察

初试国际化

2016 年,钱程在柏林 IFA 国际消费电子展上接受国外媒体采访

成了体力的极限挑战赛，好在大家都撑了下来，也找到了一些机会点。虽然那次拜访后，印度业务并没有马上开展，但是团队在持续摸索中积累了对这一市场的洞察。到2020年左右，科沃斯在印度市场做到线上第一名，这与钱程早期跑印度市场，带领高管团队深入一线，了解渠道、了解消费者，以身作则的榜样作用有很大的关系。

在科沃斯走向国际市场的过程中，时常被各国客户，尤其是发达国家客户质疑的一个问题是："我为什么要相信一个中国制造的品牌？"

"中国制造"在一些发达国家消费者看来，长期以来都是廉价、无技术含量的代名词，处于全球价值链的低端。在他们的心智中，早年"中国制造"并没有与高精尖、高附加值、高端制造建立关联。哪怕有个别品牌跑出来，影响力也有限。

既然现状如此，辩解也是白费口舌，还不如让产品说话。为此，团队成员在拜访海外客户时，都会不辞辛苦地扛着产品，到现场做演示，凭实力说话。苦功夫、笨功夫才是真功夫，科沃斯渐渐叩开了国际市场的大门。

巧攻发达国家市场

钱程在规划科沃斯的海外业务时，考虑的顺序是先发达国家市场，再发展中国家市场。

对于这一顺序，公司内部曾经有过一些讨论。大家认为：如果要成为一个真正全球化的品牌，首先要征服的就是发达国家市场，因为那里不仅有全球最大的消费市场，也是高科技产品的风向标。若是科沃斯能在发达国家市场率先取得成功，那么在全球范围都会具有标杆作用。

然而，根据一家国际市场营销机构对美国1500名消费者所做的调查显示，尽管中国制造无所不在，但是仍有高达94%的美国受访者说不出一个中国品牌。科沃斯要走出全球化的第一步，目标就是国际范围内的品牌化，钱程要让"科沃斯"成为海外消费者说得出的中国品牌。

科沃斯所面临的挑战是，这些发达国家市场也是其竞争对手iRobot的强势市场。如果能在竞争对手的领地站住脚，这才是真正有意义的成功。

关于国际化，软银创始人孙正义曾经提出过"时光机理论"，指的是充分利用不同国家和行业发展的不平衡，在发达市场获取经验后，再去开发相对落后的市场。

中国企业出海大多借鉴了"时光机理论"，将在中国成功的模式复制到新兴市场经济体或是不发达地区，如在非洲，受到当地消费者欢迎的手机品牌是传音，而这个品牌在国内的知名度并不高。

科沃斯的机器人产品性质不同，和所有高科技产品一样，在发达国家反而更有市场，这里的消费者更愿意为高附加值的硬件和软件产品买单。钱程先行锚定欧美日等地区，打算把在这里摸索出的市场开拓方法复制到其他国家和地区。这也是借用"时光机"自上而下的打法。

科沃斯美国公司成立于2012年,总部早先设在俄亥俄州的一个小镇上,这里也是世界上第一台电动清洁机发明者胡佛公司的所在地。

科沃斯的前身泰怡凯公司曾经给胡佛做过许多年的代工业务。2012年,钱东奇考虑在美国销售扫地机器人时,找到一位相识多年的美国朋友担任美国公司的总经理,而此人便来自胡佛公司。

科沃斯美国公司的办公室位于小镇一幢六层高的建筑内。当钱程来到这里考察时,他发现这里的环境相对闭塞,当地人的思维太过传统。直觉当时就告诉他,如果想在美国取得成功,就不能待在这个地方。公司必须去往人才密集、创新思维活跃的地方,天时、地利与人和一个也不能少。他认为在美国,旧金山符合这个条件,因为那里有硅谷。

令钱程感慨的是,自从科沃斯强大起来之后,它与胡佛的角色关系也发生了反转。科沃斯从以前为胡佛打工,变成了请胡佛公司的人为科沃斯打工。这也是中美制造业的一个缩影,在这20年间,美国的中低端制造业在逐渐萎缩,那个小镇也失去了往日的繁华。

虽然中美之间在某些制造业上的地位角色发生了变化,但是那时中国品牌却难以撼动美国品牌,尤其是在高科技制造和智能产品领域，这里一向是欧美日三分天下。

钱程要做的事是打破西方人对中国品牌的偏见，但他不会刻意强调科沃斯是一个来自中国的品牌，他更想让人记住的是，这是一个全球化的品牌。攻下发达国家市场意味着打开全球化的大门。

但是，一个好猎手必须有足够的耐心，不急于动手，而是静观时机。

有一次，钱程去美国芝加哥参加展会，当地同事安排他与沃尔玛和百思买的采购负责人会面。

既然是大客户，钱程自然想说服对方合作。可是，当他向这些客户介绍公司产品时，对方的注意力却游离到了他们自己的电脑上。客户习惯性地打开亚马逊网页，搜索科沃斯的产品，浏览用户评价，分析销量。就这么一个举动，钱程顿时明白了：原来客户的选品标准是基于亚马逊的销量和用户评价。科沃斯把亚马逊做好不就行了吗！他隐隐感到，之后的业务重心应该放在亚马逊。

凡事都是一个"巧"字。2015年，亚马逊全球开店业务进入中国，旨在借助亚马逊全球资源，帮助中国卖家抓住跨境电商的机遇，拓展全球市场。亚马逊中国团队希望在中国找到品牌出海的样板，科沃斯与亚马逊一拍即合。

谈完没多久，亚马逊平台就将开启一年一度的"黑色星期五"（以下简称"黑五"）促销活动，其活动力度和影响力类似于中国的"双十一"。

这时，留给科沃斯准备促销活动的时间已经非常紧张了。如果产品发海运，无论如何都赶不上这个销售节点。钱程当机立断，不谈成本，全部产品发空运，以最快速度上线，抢下销售战机。2015年，科沃斯的"黑五"大促大获成功，一举敲开了美国市场的大门。

这次试水的成功让钱程意识到亚马逊平台有足够的潜力可挖，科沃斯必须为此投入更多资源。在考虑2016年该为亚马逊提供怎样的产品时，科沃斯展开了针对美国市场的调研。调研发现，美国用户最头疼的是清理落在地毯纤维里的宠物毛发。为此，研发团队开发了针对美国宠物家庭毛发清洁的地宝DN78。

2016年，从感恩节到"黑五"期间，科沃斯将地宝DN78作为旗舰机型主推。这款产品在感恩节17小时的"镇店之宝"大促中，平均每小时售出1000台，当日累计销售额达176万美元，从而一举荣登亚马逊扫地机器人品类销售量的榜首、家居与厨房用品品类的第四名。

在进入亚马逊平台销售时，科沃斯发现当时有一个中国品牌，比科沃斯更早从事跨境电商运营，已经小有规模。钱程的担心在于，一旦其他品牌抢占了先发优势，牢牢盘踞在这个领地时，科沃斯的生长空间就会变得有限。他对亚马逊是寄予厚望的，在亚马逊成功就等于品牌营销成功，这是科沃斯全球化战略中的关键棋子。科沃斯为此设立了独立的运营体系，涵盖从产品研发、销售，到营销支持以及客户服务等完整的团队架构。

钱程在很多方面都像他的父亲,父子俩都是目标坚定、行动果断的风格,一旦找到机会,便全力以赴。而钱程年少,锐气正盛。

在2017年初的一个会议上,钱程问刚加入科沃斯没多久、时任国际事业部亚太及新兴市场区域总经理的刘文宁,何时可以超越竞争对手。刘文宁答,6个月。

等到2017年亚马逊"黑五"结束时,科沃斯不仅超过了这个中国品牌,还冲上"黑五"品类销售额第二的排名,等到全年销售业绩出来时,科沃斯以3500万美元的销售额登顶亚马逊品类销售冠军,2018年,销售业绩进一步冲至8500万美元。

对于在亚马逊上的成功,钱程的总结是赢在了价值观,而这个价值观就是"用户第一"。虽然这句话是老生常谈,但的确是驱动业务发展的第一性原理。

"用户第一"是个抽象的表述,科沃斯将其拆解为沟通、交付与服务,通过对三个步骤的周详规划来兑现承诺。

在产品上市之前,科沃斯要仔细研究海外消费者的消费旅程。团队会列出一系列沟通中的关键问题:消费者在亚马逊上购买产品的依据是什么?他们会去哪里搜索相关内容?哪些渠道的评测具有公信力?怎样的评价会影响他们的消费决策?

在投入"战役"之前,科沃斯还会借助亚马逊的消费者数据洞察，精准定位目标受众，从而提高线上购买转化率。通过对搜索关键词的抓取和分析，科沃斯增进了对目标消费者的了解，也清楚了品牌与品类关系的搭建途径。

一般来说，美国消费者除了在亚马逊上浏览产品，他们还会通过谷歌、脸书和一系列评测网站来了解产品的相关信息。科沃斯的应对策略是，市场营销团队要抢在消费者做出决策之前，把相关内容及时覆盖到关键平台。

在交付环节，科沃斯需要清楚地了解美国消费者究竟需要一款怎样的扫地机器人产品。地宝DN78、地宝DN79的主打功能就是基于用户调研中发现的消费者需求痛点。在定价策略上，竞品的同类产品定价在三四百美元，科沃斯将价格策略性地定在两百多美元。2018年初，科沃斯推出升级版地宝DN79，价格依然定在两百多美元。前期口碑加上价格优势，DN79在亚马逊扫地机器人品类中持续霸榜，365天中有200天销量排名第一。

在服务环节，产品上市后，团队时刻关注用户体验。美国消费者愿意购买高科技产品，但是也很挑剔，他们会依据30天无理由退换货条款，一旦觉得产品不好用就退货。为此，科沃斯专门在菲律宾设置了呼叫中心，利用英语国家的人才资源和低成本优势服务做好美国市场的售后服务。

可以说，一次战役的成功，是产品研发、品牌定位、产品定价、市场营销和客户体验组合策略的成功。

亚马逊平台的成功，果然吸引来了线下渠道的大客户。看到科沃斯产品登上畅销榜第一名后，沃尔玛、开市客（Costco）等一些美国重量级的卖场主动找了过来，他们提出的要求是："我也要亚马逊上排名第一的产品。"这一回，他们终于放下了对中国制造的偏见。

复盘科沃斯在亚马逊上的成功，团队认为，这是由于很大程度上借鉴了中国电商平台的运营经验，因为电商平台的运营方法在本质上是相通的，这是中国公司全球化之路中得天独厚的能力优势。钱程认识到，在全球化之路中，中国企业除了输出产品，管理经验和运营能力也是有可能向外输出的，这些"软实力"将会是中国企业新兴的比较优势。

比如，"爆品思维"就是中国电商平台上的商家在实践中摸索出来的运营法则之一。它的运用方法是：品牌为关键产品投注大量资源，力争成为品类销售冠军，一旦成为第一，就会形成"马太效应"，而网络平台则是"马太效应"的放大器。科沃斯服务机器人产品冲上亚马逊品类的畅销排行榜，从而对消费者购物决策产生影响，这就是"爆品思维"在海外平台上的应用与实践。

当一些在国内成功的运营法则在不同国家落地时，科沃斯关注的是如何因地制宜。比如在产品宣传中，美国消费者更加关注情感性的表达：能不能让他解放双手，产品使用后有怎样的好处。团队会在电商平台上做 AB 测试，A 测试以情感表达为主，B 测试以功能表达为主，通过分析消费者行

巧攻发达国家市场 ——— 1.
2.

1.
2017 年,公司全球黑五销售季内部动员活动

2.
2017 年,亚马逊高管到访科沃斯总部

为从而做出客观评价。

科沃斯能够通过亚马逊攻开美国市场，根本原因还在于品牌以技术研发为导向的策略，科沃斯每年投入销售额的10%作为研发费用，通过技术创新提升产品的附加值。2009年以来，科沃斯每年都有新品发布，相继推出地面清洁机器人地宝、自动擦窗机器人窗宝、移动空气净化机器人沁宝等全新品类的机器人产品，并在国内外申请专利1000余项，而旗下多款明星机型也多次获得IF设计奖、红点奖、CES创新产品奖等国际奖项。

科沃斯在亚马逊平台上取得的成功，小小地验证了一下公司的技术能力和全球化战略，这标志着科沃斯开始具备了攻入国际核心市场的实力。

国际化人才的烦恼

德国是科沃斯最早设立直营公司的国家之一，也是钱东奇寄予厚望的市场。但是几年经营下来，公司始终处于亏损状态。

钱程去德国市场考察时，发现科沃斯的产品只能出现在偏远区域和非主流的销售渠道中，竞品一家独大。钱程认为，一家独大肯定是不合理的。德国市场经过三年多的经营，还是当下这个局面，总经理是要负责任的。他决定撤换总经理，重组位于杜塞尔多夫的德国团队。但是撤换总经理,意味着此前的工作要推倒重来,钱东奇担心钱程这样做太冒进了一些。

钱程希望改变现状,让科沃斯尽快进入主流渠道。在总经理的人选上,他倚重的是德国专业的猎头机构,愿意付出一笔不菲的招聘费用。他认为这是投资,所以愿意花对的钱去寻找到对的人。

在德国,钱程在一家酒店里密集地与几位候选人会面,其中一位在三星公司工作过的德国人与他相谈甚欢。虽然钱程说不清为什么就选定了这个人,但他隐隐觉得,一个熟悉亚洲文化的西方人,对于日后理解、贯彻总部的战略将起到重要作用。当时,欧洲市场已经出现了一批熟悉亚洲文化的职业经理人,他们先后服务于日本公司、韩国公司,接下来,钱程认为他们服务中国公司的时机到了。同时,他还希望找到一个对家用服务机器人发展秉持共同愿景的人。虽然当时德国市场没有做好,但是这个市场的潜力客观地放在那儿。

对国际业务摸索了几年之后,钱程和团队已经梳理清楚各国市场的拓展逻辑。越是发达国家市场,消费者对高科技产品的认可度就越高。当时,美、德、日等发达国家的扫地机器人市场已经走在世界前列,且增速依旧较快。尤其是欧美国家,这里的消费者有着深厚的吸尘器文化,因而从使用吸尘器转向使用扫地机器人,钱程认为这是一个自然而然的过渡,是一个从"使用双手"到"解放双手"的过程。从发达国家市场的竞争情况来看,很多市场在中国品牌进入之前,大多聚焦于一两个头部品牌,这就意味着竞争并不充分,科沃斯有足够的成长空间。

因此当时来到德国,钱程不认为科沃斯是在和谁抢蛋糕,而是希望通过优秀的产品和有竞争力的价格,与不同品牌一起,参与到行业的发展中,共同做大扫地机器人这个品类,从而让消费者获益。这与科沃斯"让机器人,服务每个人"的愿景是息息相关的。

钱程的判断也得到了时间的验证,时至今日,美国、德国和日本依然是扫地机器人品类在海外最大的单体国家市场。

虽然后来,对于钱程新任命的总经理,钱东奇是持有保留意见的,但他也就是点到为止而已,仅表达个人的看法。因为作为父亲,同时也作为企业家,他要把握好分寸,保护年轻人的担当精神。钱程身上有着突破常规的勇气,也愿意为此承担责任,这正是钱东奇评价所有员工的标准——那些在岗位上愿意自己拿主意,也愿意对结果承担责任的人就应该得到信任,委以重任。

新任命的德国公司总经理的确推动了当地业绩的增长。2017年6月,科沃斯扫地机器人的销量占到德国市场34.1%的份额,首次超越各竞争对手,成为德国市场排名第一的品牌。尽管这只是单月数据,但这是科沃斯在发达国家市场的第一次胜出。2017年全年，德国公司业绩持续向好。

当海外团队负责人陆续到位后，钱程希望他们多多了解中国，了解科沃斯的企业文化。他知道这些西方人骨子里有一种对中国品牌的偏见，不会因为加入中国公司而放下这些偏见。他不断地为海外高管创造来中国的机会，体验中国的风土人情，带着他们去参观中国新兴的零售业态。他认为，如果外国人对中国公司持有偏见，大多不是出于恶意，而是因为不了解。东西方文化的隔阂以及思维方式的差异，常常会导致双方对同一件事有着截然不同的看法。尽管钱程在物色人选时，会有意去寻找那些同时具备东西方工作经验的管理者，但文化认同并非一朝一夕之事。

钱程有着多元化的成长经历，这使得他能够同时用东西方两种思维方式去思考问题，他相信人类有很多基本的价值观是共通的：都有对诚实、正直、善良、勇敢、勤奋的认同，对优秀产品的看法也是类似的。正因为有这些共通之处，人们在沟通中是可以产生共鸣的。但是因为他自己的经历有一定特殊性，所以只有他相信这些是没有用的，需要组织内部成员对建立共同信念也同样抱有信心。

谈到建立共同信念，这就上升到了企业文化的层面。随着组织边界的拓展，企业文化这件事变得愈发重要。

美国麻省理工学院组织行为学教授埃德加·沙因（Edgar H. Schein）在谈到企业文化时，认为这是全体成员共同遵循的价值观念和行为规范。当人们都遵守同一个规范体系时，才能在协作中减轻个人负担和精神消耗。

在科沃斯向海外发展的过程中，"全球化"是最常挂在西方总经理嘴边的词，他们认为全球化应该是公司全体成员的共识，但他们认为中国总部看欧美市场时缺乏这一视角。

这的确是科沃斯的软肋，当时在中国总部团队中，有跨文化经历的人不多，他们对于西方总经理提出的观点，常常无从质疑。

海外业绩好的时候，总部认为，"全球化"似乎应该体现在授予当地团队更多的权力上，尊重他们对市场的判断，发挥他们的主动性。

但是这种授权多了，海外公司却开始不听管了。当总部决定在全球范围推行统一的IT管理系统时，德国公司总经理以不符合当地法律，或有违欧洲一般数据保护条例（GDPR）为由加以拒绝。最初收到这些理由时，总部也愿意相信他的说辞。

然而，当总部对德国公司的管理要求一次次被驳回时，钱程感觉到有些不对劲，但又说不出来哪里不对劲。

等到德国公司的业绩开始放缓，总部介入查找原因时才发现，原来德国在IT管理系统上并没有那么多限制，真实的原因只有一个：总经理不想让管理透明化，从而被总部管制。"全球化"不过是个托词，完美地遮蔽了这一真相。

管理是为了约束组织中人的行为，但为什么总部远程管理时明知不对，却无法约束呢？钱程认为，根源在于当时整个组织还缺乏对治理能力的自信。这是中国公司在全球化过程中时常会遇到的挑战。虽然中国总部有规章制度、有管理模式，但这些规章制度能否被有效传递、深刻理解则另当别论。西方职业经理人对全球化的理解是基于西方的文化和语境，甚至以此来教育初试全球化的中国企业，但是全球化只能是西方单一标准下的全球化吗？

钱程反思道，领导者个人再自信，团队不自信也没有用。团队的全球化能力需要培养，需要通过更多的国际交往去摸索，这是一条必经之路，没有捷径可以走。

多年之后，钱东奇了解到钱程对于德国公司总经理人选的反思后，他认为，这是一次非常好的历练。一个年轻管理者在走向更高岗位、更高权责之前，需要去主动地经历一些挑战。钱东奇一路创业过来，他知道有些错犹如良药，虽然苦口但却受益良多。

企业经营之难，难在处处没有标准答案。

科沃斯国际化的瓶颈在于人才短缺。钱程接手时，几乎是赤手空拳上阵，花费高昂的猎头费挖人也是无奈之举。

他事后发现，高薪请来的职业经理人终究是被良好的管理制度训练出来的执行者，而不是领导者，凡事只能按部就班。

当业绩冲到一定程度时，海外总经理就会与总部产生脱节。总部不了解当地的情况，而这些总经理多是业务出身，在经营管理方面的能力也不尽完善。如果总部的能力不强，无法赋能，他们基本上处于孤军作战的状态。

"空降兵"如何与企业融合，一直是令企业掌门人头疼的问题，更何况，科沃斯招聘的还是海外"空降兵"。企业在给出高薪时，也押注了高期望值，而这种高期望值又与业绩增长挂钩。

"空降兵"的问题是，他们就像一个外来的物种，究竟是以居高临下的姿态来挑战现有的业务和管理，还是愿意真心实意地帮助企业发展，融入企业，与企业共同成长，其间的缘由和心思错综复杂，难以尽述。

那是否可以从企业内部找人才呢？当时科沃斯的整体业务还是相当聚焦在国内，因此如果找国内人才监管海外业务，他的精力也会很难平衡。而且，最为关键的问题是，当时的国内人才对国际业务是不熟悉的，语言沟通也没有那么顺畅，自然并非最优之选。

这就是钱程在用人上的现状，负责海外业务的人才向外找不行，向内求也不行，捉襟见肘之下，钱程只能自己兼管。

等到他把海外的大小事务都接手过来时，那种感觉就像坐在火炕上烤。那么多的海外子公司把问题都汇总到他这里，由他再分派对接给相应的人员。每天钱程的耳边充斥着各种"找 David（钱程的英文名）"的嗡嗡声："产品问题找David""营销预算找 David""招人找 David"。他成了业务中转站，无数的邮件、会议、谈话终于把他绕成了一个高速旋转的陀螺。

在飞速旋转中，有时候，他血气方刚，觉得自己还挺能干、挺特别的，所有人都会来征求他的意见；有时候，看着那堆没完没了的事，他又觉得自己没有那么特别。终于有一天，他想明白了，自己忙成这样，正是反映了管理制度的问题。他需要分清领导者和执行者的角色，作为领导者，他要加强的是组织的能力，而不是把事情都揽在自己手里。

他意识到，"忙"的症结还是在于组织缺乏人才"厚度"。所谓"厚度"，是指关键岗位人才另调他用时，有后备人才可以顶上，让业务得以持续。

既然从内、从外找现成人才的路径都被证明行不通，钱程决定改变策略，由公司自己培养种子选手。

为此钱程在公司内部逐步提出"强总部"理念，他要逐步改变"子公司强、总部弱"的倒三角结构。

如果说科沃斯的业务是个婴儿，那么总部的文化输出、综合管理和战略制定及落地能力就好比是婴儿的父母，婴儿长成什么样，很大程度上取决于父母的指引。如果婴儿没能长成期望中的样子，首先应该从作为父母的总部来反思，应该由最高领导者负起责任。总部要培养的是拥有国际视野、能够通盘思考，并将战略落地的职业经理人。

强总部首先是从强人才做起。科沃斯在人才建设这个议题上，逐步将"外聘"与"内部培养"相结合，自己培养有潜力的种子选手,建立组织的人才梯队。

这些内部培养的种子选手往往会更了解总部资源、文化习惯、管理方式、能力边界,以此为基础,他们在产品研发、生产以及整体供应链上的管理会更有优势。当他们有朝一日外派,担负起连接总部和终端市场的职责时,在为当地市场选品、做有针对性推广以及连接当地消费者上,他们就具备了天然优势。有时候,当面临短期利益与长期目标的决策博弈时,他们可以更好地基于总部的长期战略意图去做正确的抉择,免受短期目标的干扰。

这套强总部的理念和之后落实的一系列计划,逐步强化了科沃斯总部的品牌、GTM(产品市场联动)、渠道销售管理、财务等核心职能。总部人才梯队的培养,成为科沃斯落实海外轮岗制的有效助力。

对于总部建设,科沃斯首先面对的是区位问题。公司总部位于苏州,相比于北上广深这样的一线城市,苏州在人才厚度和人才种类上有一定的局限性。因此,如何从一线城市吸引拥有国际公司经验,又能适应本土企业工作的人才,是科沃斯要解决的一个重要挑战。

近年来,越来越多加入科沃斯的人看到了在中国总部工作的机会和优势。2017 年,现任全球品牌及海外业务副总裁的诸强,就曾经开玩笑地说:"当我们在外企工作时,可是经常从晚上八九点开始开会,而现在加入中国公司后,这一点就好很多,我们可以把更多的精力放到重要的事情上。"这些人才此前在跨国企业担任管理工作时，常常需要熬夜与海外总部开会，时常处于"超长待机"的状态。

随着科沃斯品牌市场影响力与日俱增，有不少具有国际化背景的人才开始选择加入科沃斯。他们熟悉西方管理，但更对中国品牌的崛起怀有热忱，并且还有足够的积淀和底气。在选择加入科沃斯时，他们知道这将是一个历史性的机遇：在科沃斯全球化战略中，将留下他们奋斗的印迹。

品牌与长期主义

2015年，科沃斯决定启动全球化战略的那一刻，就将品牌出海放在了全球化的首要目标之中。钱程明确指出，如果还是以低价换市场，那就与代工没有太大区别。

2017年，科沃斯在积累了一定的海外经验后，开始将品牌建设的重要性提级。海外团队在业务拓展过程中将始终戴着这个"紧箍咒"前行，一改以往简单按照代理商要求的产品、价格甚至定位需求来销售的方式。

对此，总部重新梳理了代理商遴选标准、年度产品沟通策略、品牌终端展陈标准、价值策略、服务规章等，以此寻找更适合科沃斯的海外业务合作伙伴，并试图和他们建立长期合作关系。

以亚太区域为例，当时团队争议颇多的是，新加坡、马来西亚、泰国、澳大利亚和韩国等市场的开拓,究竟是自己做还是交给代理商去开发?这些市场的复杂在于,政治经济发展阶段不同,品类成熟度不同,语言、文化、民族多样,因此由自己亲力亲为去建设一支海外团队,所投入的时间和成本相对于收益,有可能太过高昂,最后总部还是选择与代理商共建市场。

有了这一系列的标准和共识,团队发现,原先的代理商队伍里卖什么的都有,有售卖生活用品的,有经销家电的。科沃斯前后摸索了一年,才逐步升级更换成为专业数码产品代理商。代理商的专业能力对于品牌最终在何种渠道呈现、以何种方式呈现,将起到决定性作用。

以品牌为核心,或者以销量为核心来开展业务,两者有着本质区别:后者的焦点是价格和销量,看中的是短期利益;而前者坚持的是长期主义,需要考虑各利益相关方的诉求,甄选与品牌有着共同愿景的合作伙伴共同成长。

从渠道联盟到愿景联盟,品牌所代表的是一种价值观,它超越民族、宗教、信仰、文化,将部落化的世界聚合成一个整体。它就像奥林匹克运动,让每一个参与其中的人分享、感悟、成长,从而找到自己对社会的价值。

面对这些海外代理商,科沃斯告诉他们扫地机器人在中国市场成长、发展、繁荣兴盛的故事,如今,这样的故事也同样会出现在各国市场。初时,并不是所有的代理商都相信科沃斯向他们描述的愿景,处于"有时信,有时不信"的游移状态，科沃斯就用实际行动来证明给他们看。

在共同愿景的指引下，科沃斯将代理商视作合作伙伴，为他们持续输出价值。为此，科沃斯搭建起一个虚拟组织，从总部为远在东南亚的代理商赋能。科沃斯把在国内电商平台积累的经验，有系统地传授给他们，教他们如何从事电商运营。在线下，团队在中国为合作伙伴制作好专门的展柜、展架，运输到当地，以统一的品牌形象和标准展示在消费者面前。

从某种意义上来说，这些代理商与科沃斯形成了一个协作的闭环：他们从接受科沃斯的品牌理念开始，到学习产品知识，乃至吸收科沃斯输出的综合管理能力，最后和科沃斯一起服务消费者。这样的紧密协作，代理商不仅在经济上获益，在经营能力上也有了很大的提高，这也使得科沃斯品牌在他们的帮助下，更加贴近消费者。

而这一做法便是源自科沃斯团队在实践中逐渐参透的道理：共享愿景、共享价值、共享利益，才能让品牌之路走得长、走得久。

找到代理商队伍之后，稳定队伍的方法之一是从营销端制造品牌拉力，加上代理商在销售端的助推，"一拉一推"将很快让品牌起势。为此，2021年初，科沃斯选择了韩国知名艺人玄彬成为其在韩国及东南亚地区的品牌代言人。

在众多的艺人中，科沃斯独独选中了玄彬，这背后是品牌团队对于亚太地区品类市场与竞争环境的深刻洞察。在新加坡、马来西亚、泰国、印度尼西亚和越南等区域市场，科沃斯已经是品类中的领导品牌，但是新进入的品牌众多，经常发起较为激烈的价格竞争，如何拉开差距、稳固自己的领导地位，是营销人员和销售人员都要去考虑的问题。

在韩国，传统电子消费家电品牌三星、LG在它们的本土市场占有得天独厚的渠道优势，哪怕是在它们并不擅长的扫地机器人领域，任何新品牌要想攻入，也是挑战重重。

对科沃斯来说，对每个国家逐一突破的成本较高，因此需要打破跨文化、跨地区的沟通障碍，进行资源的整合与协同。诸强在接手海外业务时便要解决这个问题。他回忆道："在当时，邀请玄彬这样的艺人成为科沃斯代言人，本身就彰显了科沃斯是在严谨对待当地市场的，并且愿意为之投入。玄彬的影响力超出了韩国，覆盖到东南亚地区，这对于我们在这些地区提升品牌影响力，进行资源的整合与协同是很有帮助的。"

因此，当玄彬与科沃斯的合作事宜确定之后，诸强和他的团队与七八家海外代理商开电话会议，官宣此事。代理商们听到这一消息时，信心立刻得到提振，普遍认为科沃斯是在真心帮助他们，并且是以品牌建设的方式开拓业务，而这样的业务模式也必将是持久的、共赢的。

此后科沃斯推出配合代言人官宣的优秀创意广告，在东南亚及韩国地区进行一系列较大规模的媒介投放，这些举措很快提升了科沃斯品牌在当地的知名度，品牌知名度从31%跃升至40%以上。

国际化的成与败

2022年，科沃斯连续第五年入选全球知名品牌排行榜"中国全球化品牌50强"，排名从上一年的第24位上升至第19位。这是专业第三方机构通过对全球11个市场的86万余名消费者进行访问，客观呈现出的全球消费者心目中的品牌吸引力。

回看科沃斯的全球化之路，它就像扫地机器人的技术迭代历程，起先是随机碰撞"找客户"，之后随着方法改进，开始有规划地进入市场。但即便是有"路径规划"，还是会在出错和修正中反复。

在全球化和国际化这个大命题中，幸运的是，科沃斯走对了很多步；略有遗憾的是，科沃斯也走错了几步。

科沃斯在刚刚进入美国市场时，钱程非常想把产品的价格段从100—200美元拉升至300—400美元。为此，他集中资源，以LDS（激光导航）技术为主导，推出一款扫地机器人，主攻300—400美元的价格段，进入线下卖场销售。LDS激光导航产品在中国市场被证明是成功的，但早期进入美国市场却遭遇到小小的滑铁卢。

LDS技术比较适合中小户型的居住环境，因为这个技术的测距范围有限，对于中小户型的环境地图生成比较高效友好，而美国用户的居住空间通常较大，LDS并非进行有效建图和导航的最佳解决方案。当时，科沃斯因为急于把产品推向美国市场，一些软件的调试也没有做到最佳状态。

错判就在于，团队把全部推广资源都押注在这款高价格段产品上，导致原有低价格段的产品没有资源进行维护和延续，而这恰好是当时科沃斯销售的基本盘。结果，因为新品并没有获得预期的成果，整体品牌不仅没能实现价格段的上移，原有的销售基本盘也受到了影响。

自此，"产品力"三个字深深地印刻在钱程的脑海中，产品力是产品品质、价格、创新等元素融合后形成的对目标消费者的吸引力。他反思道："一家企业，文化做得再好，企业管理做得再优秀，若没有很强的产品力，企业最终是没有任何立足之地的。"

各种竞品当然不会轻易放过这样的时机，当科沃斯原本的基本盘领地守卫松懈时，竞品却蜂拥而至，推出相应的产品来抢夺市场。科沃斯上攻不成，反而失守了原有的城池。

当时，钱程的注意力都聚焦在了最大的竞品上。该竞品在美国市场占有70%的份额，在每个价格段都有产品部署。这也意味着科沃斯在当时与该竞品相比，并不是一个量级的对手。如果科沃斯只是简单地进入更多的价位段，必将是一场精力和资源的消耗战，这对资源有限、刚刚进入美国市场的科沃斯来说，是一件充满挑战的事。

"这是很简单的道理，但初时我对这个问题的认知不是很深刻。"钱程说。他的反省是，误判的根源还是在于视野的局限性：其一是只看到了国内的成功，却忽视了产品在美国当地的适用性，这为此后团队推动产品在当地的消费者调研埋下了伏笔；其二，美国团队因为早期的成功而变得有点骄傲，忘记了进入任何一个新价位段或者市场，都是一个综合课题，而不是简单地推出某个产品。

钱程面对自己的失败是坦诚而真实的，他常说，自己的失败与成功一样多。他的坦诚深深地影响着团队的行事风格，大家习惯于直面问题，而不是诿过于人。

在踩过无数的坑之后，钱程体会到，全球化必须根据自身的发展情况而定，很难学别人。成功企业总结的经验是企业自身多年打磨和沉淀的结果，隐去了人们认知这些真理的过程，而最有价值的偏偏是那些摸索、改善、迭代的过程，以及在此过程中的痛苦与顿悟。所以，企业家要想依葫芦画瓢式地照搬他人的经验，多半会失败。

这些故事仅仅是科沃斯全球化进程中的序章，因为钱程定义的全球化是要做到中国货、中国品牌、中国人、中国理念与国外市场的紧密相融。一套健康综合的全球化标准，还应该包括人才、研发、生产、制造等各维度的全球化指标。如果其中本国制造的比例还是100%，只能说明公司尚停留在向海外售卖产品的阶段，并没有体现全球化的深度。

中国企业的全球化之路少有参考的先例。与日韩企业不同的是，中国企业自身就拥有一个广阔的国内市场，因为这个市场的体量足够大，帮助企业提升了产品研发的效率，也让产品得以迅速地市场化，但不好之处是，因为国内市场足够大，便会导致企业忽视海外市场。

放眼亚洲近邻，日本和韩国企业在全球化的过程中，都为商业文明的进步做出过贡献。日本企业贡献出了丰田精益管理，也贡献出了稻盛和夫这样的管理思想家，让全世界为之受益。韩国的三星、LG走向了全球舞台，国力强盛之后，"韩流"渐起，文化力成为商业力的助攻。韩国对电影文化的开放与支持，打破了人们的思想禁锢，助力商业文明走向远方，文化力的强盛又进一步助推了本国商业品牌在全球的影响力。

再看苹果公司的全球化，它创造的是一种互利共赢的模式。在中国，苹果公司拥有大量的App开发者，建立起庞大的供应链，缔造了一条从创业者到产业链工人都能受益的价值链。

虽然每家成功的跨国企业都是人们学习的范本，但是没有任何经验和人才是拿来即用的，所有的光鲜背后，都是打磨、雕琢的累累印痕，科沃斯早期的全球化已经印证了这一点。

未来，钱程希望汲取各家之长，在全球化的征程中，成为一家运用商业力量，助力当地社会向好的共益企业。

这，才是钱程心中全球化企业的范本。

实现这个目标的时间节点，钱程设定为五年。

第六章 从大公司到强公司

交　班

2018年10月10日，钱程被父亲叫进办公室。

钱程以为这又是一次寻常的业务例会。

钱东奇待他坐定，看着他，沉吟了一会才开始说话："你愿意担任科沃斯的CEO吗？"钱程几乎不假思索地回答："OK，这正是我想做的。"

父子俩的谈话几分钟就结束了，这个过程很短，短得钱程都想不起父亲听到他的答复后，是一种怎样的神情。这对企业来说是一个历史性时刻，但在这对父子之间，却只道是寻常。

钱程对自己的期望可不是在公司担任某个岗位的负责人，而是要达到一定的职业高度。作为企业创始人的儿子，他知道自己迟早有一天会接班，但是他认为，自己内生的事业驱动力远远大于血缘关系的牵引力。他希望父亲不是看在血缘关系，而是看在他的能力上才交班，这才是让他心底踏实的事。

对于父亲的认可，他已经有了一些嗅觉。

在此前的一场发布会上,钱东奇曾特意安排钱程上场,面对媒体分享他在国际业务中取得的进展。父亲是个理性冷静的人,他甚少听到父亲当面表扬他。不期待,也就不在意了,钱程更加关注的是自己能不能把事情做得足够好,达到自己的标准,顺便超出父亲的期待。

但是,如果业绩摆在那儿了,父亲不认可,这事会让他觉得不对劲。父亲让他上场分享的举动还是让他心思一动,这应该就是父亲的赞许吧!

钱东奇把自己看成是"船长",船长是孤独的,高处不胜寒。在很多事情上,"船长"是自己跟自己较劲,自己与自己交流,没有一件事情可以轻率妄为。他要面对的是员工、客户、消费者,以及政府在内的所有利益相关方。当这条船遇到风险时,谁都可以弃船而去,但船长不可以。

这种孤独甚至会蔓延至亲情。父子俩此前从未讨论过家族在企业中的延续性问题。钱程清楚,依父亲的性格,如果自己能力不行,父亲是不会让他参与企业管理的,也不会把任务一步步地压给他。钱程说:"如果我能行,我希望不是因为我姓钱。这就是我的想法,我也认为这是父亲的想法。"

钱东奇早就看到儿子有做"船长"的意愿,但他首先要考虑的是这艘船的风险,做父亲的慈与爱,首先让位于做企业家的理性与冷静。

他先是怀疑儿子能否忍受皮肉之苦,"发配"他去车间打工,想把这个从小养尊处优的小子吓走,没想到,钱程甘之如饴，甚至还鼓励其他员工把孩子带到车间一起来"享受"。经历了第一场"双十一"电商的失败后，他怀疑儿子是不是马上就会消沉下去，可是第二天，钱程就擦干眼泪出现在办公室做起了整改计划。钱东奇心动了：这小子还行啊！

他开始陆陆续续地把一些新创的分支业务交给钱程。钱程有些做得好，有些做得不好，但无妨。他要试的是儿子的承压能力，在失败中突围的能力以及对结果负责的意愿，这是担任船长最核心的素质。

做CEO是一场终生的修炼，没有哪个CEO在接班时处于能力满分的状态，磕磕碰碰是岁月的礼物。至少目前，钱东奇认为钱程的业务能力打磨已经不在他的关注范围之内了。

年轻有年轻的好处，钱东奇因为年龄和阅历的原因，思考问题和行事时追求的是稳中有进，而钱程朝气蓬勃，行事更加具有突破性，能给产品创新带来很多意想不到的改变。

钱程主张在扫地机器人上装入由人工智能驱动的摄像头，他要将人工智能技术率先引入家用服务机器人领域。但在这件事情上，父子俩有过分歧。钱东奇希望求稳，他当时认为人工智能技术还在发展早期，不希望给消费者一个鸡肋产品，还白白增加成本，但钱程认为这是跨入人工智能领域的一次机会。后来的事实证明钱程的想法得到了市场的肯定。

当搭载了行业首款AIVI人工智能与视觉识别系统的扫地机器人产品在全球上市时，渠道商和消费者都为之耳目一新。原来扫地机器人除了扫地、拖地之外还能够如此智能地避障，甚至进行远程的人机互动。整个行业因为科沃斯这个前瞻性的想法和实践，将扫地机器人的重心往"机器人"三个字上，小小地前进了一步。

通过日常业务的"修枝剪叶"，钱东奇越来越确信儿子是有能力的。他坚定地认为，钱程是一个有大局观的人，思维睿智，能够快速抓住问题的核心。重要的是，他愿意担起这份重任。钱东奇至今都觉得，做企业是一份苦差，但钱程却发自内心地认为，做好企业，是实现自己人生价值的方法之一。

钱东奇回想自己年少时，不也曾是"东风扶摇过陇山，少年意气发冲冠"吗？着急过、冲动过，直到把各种坑都踩过一遍，把各种事都经历一遍，这才修行成了现在的沉稳内敛。

是时候交班了。

虽然钱程还有些青涩，但已经掩饰不住光芒。钱东奇希望放大儿子突破性思维的优势，并且将它变成企业未来的发展优势，不断地自我革新。他要变成护航者，给一些时间，让儿子稳步接过"船长"的职责。

这恰恰体现了传承的要义——基业长青的企业，往往是时代的企业，不泥古法，不活在历史的余光之中。

企业史上就有这样鲜活的例子。富士胶片曾经生产的是机械相机使用的胶片，随着数码时代的到来，富士胶片把生产胶片的技术转化到了医疗影像、化妆品和芯片材料等不同领域，转型成了活在当下的企业。

在钱程眼中，做具体的国际化业务和做管理全公司的CEO并不会有太大的差别，虽然职位有高低，权限有不同，但核心的组织管理职能是一样的。他享受着每一次的修炼，并且抓住每一次的修炼机会，挑战自己，让自己越做越好。

父子二人并没有把科沃斯当成家族企业来经营，反而是一直在追求引入稳健、成熟的现代化管理模式，这一点在钱程身上体现得尤为明显。他大力引进国际化的人才和管理方式，推动先进的管理系统上线，优化组织架构，唯才是用，他希望为员工创造一个公平发展的环境，让他们能在企业中找到自己的价值。

2019年初，钱程正式接过父亲的帅印，成为科沃斯机器人的CEO。

在父子交班的过程中，第一年科沃斯内部还是不可避免地经历了一些人事变动。钱程认为那是自己没有做好。他为组织设定了一个变革目标，但是在管理方法和变革的措施上却操之过急，引起了老员工的不适，也遇到了不小的阻力。

"狂妄自大"，钱程用这四个字来总结自己第一年的变革。如果可以重来，他宁愿在资源和管理能力都准备好的情况下稳步推进改革，"稳定"是企业发展的重器，而此前，他对稳定的认知还是那么模糊。

钱东奇看到了那些震荡，但此时他选择做一个"路人"。他要让员工清楚地知道，科沃斯只有一个决策者，那就是钱程。钱东奇判断，当前改革的震荡，根据钱程的学习能力和自我纠错的能力，是能够很快得到修复的，但这个坎一定要过，这个错一定要犯，晚犯不如早犯，这才是保障企业管理权平稳交接的方式。

钱程未来的道路极具挑战。2019年，科沃斯的营业收入已经超过50亿元，并且继续向百亿元的目标前进。

规模大就一定能代表公司强吗？钱程念兹在兹的是，怎样才能让科沃斯真正做到与众不同。

吉姆·柯林斯在《卓越基因》一书中谈到，优秀是看得见、摸得着的，但卓越是实现近乎不可能的事情，是看不见、摸不着的。那些创造卓越的人，他们的所思所为是超前的、与众不同的，以至于在很长一段时间内都得不到认同。只是因为最后的成果才有了所谓"卓越"的认同。这就是企业走向卓越的极为艰难的旅程。

当时的科沃斯正处于内外环境急剧变化的时期。在外部，竞争者渐次入局，倒逼公司内部提升创新效率和产品竞争力。消费者从以往被动地接受品牌宣传，转向更为主动地探索，他们对产品的功能以及数字化、智能化的要求越来越高，品牌方需要随时随地响应这些需求。

而内部，钱程在一如既往地推动组织朝更敏捷、更高效的方式前进，科沃斯不能停留在过去的荣光中。他说："如果今天外面觉得科沃斯不一样了，那肯定是来自公司的内因变化和改善所致。"

挑战者来了

2018年5月28日，科沃斯正式登陆上交所，成为"服务机器人第一股"。钱东奇和钱程携手参与了敲钟仪式。

在上市答谢晚宴上，有券商调侃说："你们取名'机器人公司'，很会蹭流量啊！"庄建华礼貌地回答："我们早在2011年，就把泰怡凯电器有限公司更名为科沃斯机器人有限公司了。"

在券商眼中，"机器人"就是眼球和流量的代名词，这并不奇怪。科沃斯把扫地机器人品类做成功之后，引来了无数的跟随者，大量的风险资本涌入这条赛道。2015年，国内扫地机器人零售数量为207万台，2016年为307万台，2017年为406万台，市场容量迅速增长。

2017年度，仅在天猫线上平台销售的扫地机器人品牌就多达160多个，传统的家电厂商、以ODM起家的厂商以及国外拥有研发实力但渠道能力较弱的品牌纷纷闯入这条赛道。

科沃斯把扫地机器人的供应链从无到有地建立起来，此后随着技术的发展，科沃斯不断更新技术，供应链上的厂商便把这些溢出的产能向业界输出，转而成为其他扫地机器人品牌的代工厂。

市场上数量众多的中小型竞争对手，多是搭了领军者供应链的便车，失败的成本不高，但只能以中低端扫地机器人为主，其清扫系统也大多模仿一线厂商。

有些厂商则是借助生态体系中的合作伙伴来解决零部件的供应问题，品牌主要做功能集成。

科沃斯始终按照自己的标准往前走，坚持研发、制造到分销的"重"模式，通过技术突破来提升消费者的使用体验。科沃斯选择"重"模式，是因为有制造的积淀，这一模式在软硬件并重的高科技制造领域是有其优势的。

苹果公司并不是人们认为的真正意义上的"轻"。自1984年，苹果公司从Macintosh个人电脑的设计开发开始，就在积累完整的生产制造经验，学习生产制造中各种流程的品质管控。iPhone的诞生，延续了苹果在过去几十年积累的工业设计制造能力。而苹果的"轻"则体现在，它要做到创新速度永远比别人快，这样就能拿到创新中顶层的那部分利润，但供应链必须能够跟上它的创新速度。

扫地机器人的发展路径，起先是硬件开发的比重高于软件技术，产品需要解决吸力、电池和移动的问题，此后随着功能复杂度的提升，扫地机器人逐渐拥有了更为出众的避障能力、规划行走的能力，可以轻松实现全屋分区、指定清扫、AI避障、语音遥控等功能，不断地向软硬件结合的方向发展，通过一系列的软件赋能，使硬件设计及硬件标准也得到了提升。

《变量》一书的作者何帆认为,制造业的发展是一个四部曲:第一步是在实验室构建原理,做研发;第二步是开发原型机;第三步是小规模生产;第四步是实现大规模量产。

这四个步骤在生产中的功能完全不同。用手工敲打出来的原型车,和年产20万辆汽车且保证每一辆汽车的质量,所需要的技术、经验和条件是完全不同的。美国制造业在把生产环节外包之后,研发局限在了实验室里。但真正的研发成果往往是研发工程师和制造工程师通过各自领域的专业共同打造出来的,从研发之始就要考虑到可制造性。

扫地机器人产品增加了数字化、智能化的功能模块后,它对全流程开发设计和生产制造的能力要求更高,对制造工程师的能力和经验的要求也更高。如今的扫地机器人不仅要有"眼睛"看,有"耳朵"听,还要有"嘴巴"说。哪怕是增加一个小小的语音模块,集成到产品中,也是牵一发而动全身。

能否将不同的功能集成,发展出制造复杂产品的能力,这是企业实力的分水岭。所以尽管市场上竞争者数量众多,但是2015—2017年,扫地机器人在国内线上线下市场销售份额还是主要集中在少数几家排名靠前的公司。据北京中怡康的统计数据,2017年,科沃斯在线上占有46.4%的销售份额,而前三位品牌共计占到70%。线下渠道,科沃斯占有48.6%的份额,第二名为12%。从市场份额的分布就可以看出科沃斯稳固的竞争优势。

2017年,一些有着一定技术实力和资本投入的竞品开始杀入行业。后来者初进市场时,会把市场现有品牌的技术、渠道、用户进行透彻分析,寻找到竞争对手的弱项,一口"咬"住,以期建立起自己的竞争优势。

雄心勃勃的后来者攻势异常凶猛,它们从各家扫地机器人公司挖人,一上来就跳过了先行者经历的随机清扫机型,主做LDS激光导航产品,直接进入全局规划时代。虽然科沃斯是最早拥有LDS激光导航技术,并推出两款LDS产品的品牌,但是客观上,当时一半以上的销售额依然来自随机类产品。

诸强回忆道,2017—2018年,曾经相对安静的扫地机器人品类突然成了舆论的热点。有一些关于扫地机器人功能不尽完善的段子甚嚣尘上,而这背后其实是新品牌常用的舆论战术。

就这一舆论事件,钱程、李雁、诸强等高层管理者曾经有过深入的讨论,到底是针锋相对地回应这场舆论战,还是继续立足自己的价值观,坚持用户第一,埋头做好自己的事?

最后,大家一致认为,企业的要务是守住本分、做好产品。竞争是好事,可以带来多样化的产品、不同的经营理念以及形式各异的传播方法,推动行业进步,科沃斯更应该用实力去赢得消费者,不被其他品牌的操作影响了自己的步伐。

竞争者的加入促进了行业的发展，也推动了科沃斯进一步开展系统的内外部改革，以加快自己的研发步伐。短短两年之后，到2019年，以全局规划技术为标志的高端扫地机器人，在科沃斯销售收入中的占比已大幅提升，同时科沃斯也策略性地退出国内低端扫地机器人市场，并且进一步加大了研发投入。

事实证明，创新才是推动企业赢得竞争的法则，科沃斯加快了自己的研发步伐，不断地给市场带来全新的技术：第一个推出扫拖一体技术，满足中国地面清洁的特色需求；第一个推出3D-drive立体清洁系统，实现全方位清洁和自动集尘；第一个推出全能基站，集充电、集尘、拖布回洗、自清洁、热风烘干等功能于一体；第一个在行业内推出拥有AIVI的人工智能产品，能基于机器视觉识别前方障碍物；第一个在行业内推出TrueDetect 3D结构光避障技术，用于识别家居环境中的障碍物；第一个让扫地机器人摆脱第三方设备，直接进行人工语言交互……可以说，科沃斯的每一次技术进步，都引领着行业的一次突破。

重塑品牌格调

战役首先在品牌领域打响。

品牌是什么？它是一种格调，也是一种生活方式的展现，是企业与消费者之间的感性连接,更是一个企业自上而下、自内而外的综合表达。

2018年之前,科沃斯的品牌建设与推广更多地偏重于产品功能和产品知名度,当时的扫地机器人市场正处于早期普及和市场教育的过程。在这一时期,制造属性的科沃斯常常被渠道客户旁敲侧击:"你看那谁家的广告,多有高级感。科沃斯的产品很争气,但广告传播的格调,似乎总是差一口气。"

在《繁荣的社会学》一书中,作者欧内斯特·扎恩(Ernest Zahn)曾说,真正的品牌是一种根植于使用者意识和潜意识中的社会现象。从做产品到做品牌,是一个从入眼到入心,乃至成为社会现象的过程。第一步,得先入消费者的眼。

品牌经营有如一个人的养成,品牌如何宣称自己的定位和主张仅仅是第一步,人们是通过观察品牌的"言行举止""着装谈吐"来建立起对品牌的感性认知。颜值、品位、实力、个性、幽默感……这些品牌所要展示的美好元素,需要通过一次次富有创意和质感的表达,才能撞开消费者的心。

2017年,诸强加入科沃斯不久,就带领团队打了一场"足球战役"。2018年"618",一如既往的传统产品促销季,科沃斯推出LDS激光导航产品地宝DN33。这一年恰逢俄罗斯世界杯,各个赞助商品牌当然是摩拳擦掌。诸强带领团队经过几番头脑风暴,巧妙地将地宝化身为球场小将,在球场上闪转腾挪,快速清除各种污渍,"一机绝尘,赢得干净"的主题词将球赛与扫地机器人完美结合。这也是对科沃斯机器人的缘起——哈尔滨工业大学一场机器人足球赛的致敬。

此番DN33化身为足球小将的创意在投放微信朋友圈广告后，一举刷新了国内消费者对科沃斯的印象，大家都觉得这样的广告高级又有创意，自然引发了很多讨论。

2019年"黑五"前夕，地宝OZMO 950在海外上市。之前，科沃斯首次尝试与海外广告创意热店合作，在海外电视台和YouTube上投放了由三个故事短片组成的系列创意广告"ITS STANDARDS ARE HIGHER THAN YOURS"，通过西式幽默，展示拟人化的扫地机器人看到不爱干净的主人时所表达的戏谑。

在其中的一个小故事中，运动回家的男主人穿着一脚泥的运动鞋冲进厨房喝水，身后留下一地泥渣。地宝用"眼睛"看到，发出鄙夷的"嘲笑声"，立马出发，清除了地面上所有的印记。男主人看地宝在清洁，走到别处，有脾气的地宝不能忍受男主人继续在地上留下污渍，一路追着脚印而去，直到把男主人逼到墙角，大家对地宝露出了尴尬而又欣慰的微笑。

这些故事将地宝人格化，"小脾气"对应的是地宝的"洁癖"，将高度的智能、出色的清洁功能以拟人化的方式传递给用户。叙事手法高冷、简洁，一个欧·亨利式的大反转或让人捧腹，或让人会心一笑。故事结尾处，恰到好处地来一句结束语"ITS STANDARDS ARE HIGHER THAN YOURS（地宝对洁净的追求，看来比你还高）"。

视频在海外上线后，观看量达到950万人次，品牌和产品的曝光高达8700万人次，为官方网站和电商平台引流78万人次，相关社交平台上获得87万次互动，比科沃斯以往投放的效果类广告提升2—5倍。新产品上市2个月，在谷歌搜索内的主动搜索就超过了前一年旗舰产品的搜索热度。科沃斯还通过谷歌旗下的品牌调查发现，品牌知名度在美国提升了22%。

这是一套组合拳，过硬的产品是成功的基础，出色的创意内容刷新了消费者对产品的认知，加上精准的媒体投放，三管齐下，成就了一场漂亮的海外营销战役。

这次活动之后，地宝OZMO 950成为科沃斯在多个市场产品销售的主要贡献者，成功地提升了ECOVACS和DEEBOT这两个品牌词在海外的知名度及美誉度。

2022年卡塔尔世界杯，科沃斯再次向足球致敬，推出全新的足球小将扫地机器人视频广告。前后两届世界杯，足球元素一脉相承，创意表达上也更为成熟。

诸强是品牌建设及营销工作的资深管理人。他在构建整个组织的品牌建设体系时，努力防止对品牌的评价陷入"好"或者"不好"的定性描述。虽然品牌建设、营销工作往往会被认为更像一门艺术，但他带领团队逐渐往其中"添加"科学的成分。科沃斯此后引入了更为科学的消费者调研与数据追踪系统，用量化指标作为评价体系，进行上下级和跨部门沟通，从而使得品牌建设和营销真正成为助力业务的重要引擎之一。

同时，品牌营销的成功往往在于细节，科沃斯在每一个消费者触点上都精雕细琢。回复消费者来电时，客服的语音、语调和语气是质感；维修人员上门服务时的制服是质感；消费者到门店感受到的香氛和色调是质感；网站、App、公众号的视觉呈现是质感……每一次的感官体验都充满质感，这也是组织能力的体现。

从大大小小的营销战役到日常触点的感官体验，各平台、渠道和用户对科沃斯品牌的感知在悄然发生改变。在全球消费者调研中，海内外的消费者大多认为"科沃斯"是一个国际化的、高端有质感的、富有科技感的品牌，不少人甚至不知道这是一个来自中国的品牌。多年后，"科沃斯机器人"被赋予了更多积极、正面的身份标签。

2019年，在传统的新品上市、品牌传播战役之外，科沃斯开始着手对作为品牌认知基石的品牌视觉系统进行升级，其中也包括品牌商标。经过一番科学的消费者研究，科沃斯得到的反馈是，原有的视觉系统，从商标到品牌色、再到设计元素，在消费者眼中显得不够年轻。品牌如果不做积极传播，仅仅通过这些视觉表达，容易让人感觉像个有点古板严肃的中年学者。

历史上，任何一家著名公司的视觉形象升级都不是一件小事，是一个继承、扬弃和开创的过程。对内，它往往配合着公司业务战略、文化等管理工作的全面升级；对外，这意味着重塑消费者对公司的第一眼认知。

经过一年多时间的反复打磨，2019年末，科沃斯最终选出一个以弧形设计元素为特色的方案，一改以往棱角分明的形象。团队在品牌商标标志中注入了巧思——上下两根圆弧的元素取自地宝的形状，而E字居中，勾勒出一个科沃斯以消费者为中心，机器人在家中也围绕消费者的美好寓意。

2019年9月至11月，科沃斯全新的视觉系统陆续在全球落地。在德国著名的柏林消费电子展（IFA）上，科沃斯面对媒体做了一次深入的视觉系统升级的诠释，彰显了科沃斯重塑品牌的决心，让品牌更为年轻化、科技化、全球化。而这也被视作公司下一个20年的开始。

当科沃斯的品牌建设取得一次又一次进步之后，公司管理层并不因此而过分夸大品牌与营销的价值，他们依然坚持"产品为先，品牌助攻"的态度，毕竟这是一个由技术驱动的产业，没有产品力，品牌推广只是空中楼阁。管理层持有这样的态度，是在守住高科技制造公司的本分。

勇闯"无人区"

2016年，科沃斯开始对人工智能的产业应用展开探索。

当时业界普遍面临一个技术挑战，那就是扫地机器人有时会将障碍物与脏物混淆,影响清洁效率,这是因为基于当时的技术能力,只能生成二维地图,导致机器人的"视力"不够好。

怎样才能让机器人像人一样看东西、分辨物体?为此,研发人员在查阅大量相关资料后,试图从人工智能与机器视觉这条技术路径入手,看能否找出更高效的家庭物体识别解决方案。

于是,科沃斯开始寻找高校资源,准备开展与扫地机器人相关的人工智能研究。当时,人工智能只是声量大,但真正实现产业落地的还不多,相关人才更是寥寥。在有限的经费条件下,要找到合适的高校、合适的课题组来做这些前沿研究,必须借助强大的学界人脉资源。好在科沃斯平时积极鼓励管理人员到外界参加研讨会,做大会演讲,与业界、学界交流,这使得他们有机会接触到各方资源,与科学家们一起喝杯咖啡,建立私人友谊,通过这些非正式的沟通来了解学界、业界的动态。

最终,科沃斯找到一位对这个课题感兴趣的高校教师,他此前曾留学加拿大,主攻人工智能方向,回国任教后,一直在关注如何将这一学科从理论研究转化为产业应用。

课题组研究后发现,要解决避障问题,首先是找到并且识别出那些最容易对清洁效率产生影响的物体。在家居环境中,这些物体是电线、袜子、拖鞋和充电桩。

研究成果出来后,如何转化到实际应用中是一个新命题。

转化的前提是组织内部有人掌握人工智能技术，知道转化的途径。

但在2016年，人工智能这个学科刚刚兴起，很难在市场上找到相关人才，即使有，也是奇货可居。于是，科沃斯决定邀请教授前来公司开办专项的人工智能培训班，在公司内部培训了业界首批人工智能工程师。接着，2018年7月，科沃斯机器人南京人工智能研究院正式成立，围绕着高校研究划定的几个物体做研究，不断强化扫地机器人深度学习的能力。

但是从研究到产业化，究竟何时走出这一步，如何走出这一步，科沃斯都还在等待一个时机。

钱程构想的是在扫地机器人上安装由人工智能驱动的摄像头。但是这一方案提出后，在科沃斯内部引起了不小的争论。双方争论的焦点是：原有的扫地机器人产品已经基本攻克了避障这个难题，何必再增加一个摄像头，白白地增加成本。

但钱程是从服务机器人的本质出发来思考这件事，他认为，人们期待中的机器人应该有着绝顶的聪明和绝顶的智能。它能在复杂的家居环境中识别环境信息，在无人介入的情况下自主完成清洁工作。这些能力看似简单，但要在现实环境中实现，却是非常难的。从当时的技术发展来看，人工智能是一条可以探索的路径。

在生物学领域，达尔文主义者意识到，DNA序列会因转录错误或紫外线等引起的突变而变化。这些小错误，或者点突变，是进化的"燃料"。但是点突变有时能够改善生物体，有时也会产生反面影响。至于"人工智能驱动的摄像头"这个"点突变"究竟是有用还是无用，人们只能在事后给予评价，因为要把一个想法转化为一种可行、可负担且能切实为人们带来利益的创新，需要付出相当多的努力①。

2019年，科沃斯推出搭载AIVI人工智能与视觉识别系统的地宝DG70，成为全球第一款将人工智能技术应用到扫地机器人上的产品，标志着科沃斯向智能清洁迈出了里程碑式的一步。

AIVI技术提升了扫地机器人两个重要能力——扫得干净和扫得顺利。因为这项技术的成功应用，2019年成为科沃斯机器人进化之旅的元年。

扫地机器人有还是没有由人工智能驱动的摄像头，看似是成本差异，实则却是猿人与人类大脑的区别：两者的大脑似乎只有微小的差异，但前者是拿起石块敲开坚果，后者是把石块磨成了工具。这枚摄像头所承载的，是科沃斯通向未来的机会——做出真正会思考、有智慧的服务机器人产品。

AIVI技术果然没有辜负众人的期待，它成为机器人产品进化过程中的一个重要转型点，可以采用机器视觉去识别障碍物。在此后的发展中，AIVI能够识别的常用家居物体种类

---

① 马特·里德利.创新的起源：一部科学技术进步史［M］.王大鹏，张智慧，译.北京：机械工业出版社，2021.

不断增加，现在可识别近40种，这些物体包括电线、鞋子、织物、垃圾桶等，每一种障碍物都有一个避障方案。有了AIVI和其他避障技术的融合加持，消费者终于不用在清洁前整理地面杂物，在解放双手的道路上又前进了一步。2020年，科沃斯在地宝T8家族创造性地推出TrueDetect 3D技术，将避障体验推向了毫米级别。正是这款产品让钱东奇认为，科沃斯在技术能力上追平了受人尊敬的国际对手。

再往后的技术发展，科沃斯开始挺进"无人区"。2021年9月，科沃斯发布地宝X1家族产品，内置了自动驾驶技术级的芯片，并借助AIVI和TrueDetect 3D两大技术优势，将视觉与深度信息探测进行融合，采用了全新的AIVI 3D技术。终于，扫地机器人可以清晰地辨认家庭构造、家具的位置，辨认出人和猫狗，这些功能又将解锁下一个想象空间。

考虑到用户隐私保护，科沃斯在设置出厂功能时，将智能摄像头的功能默认为关闭，但是没想到，产品进入消费者家庭后，智能摄像头的打开率很高，这个数据让研发团队很惊喜，原来消费者对于清扫的流畅感有着如此强烈的追求。

科沃斯在让扫地机器人"看得见"的同时，也在让这个物种第一次"听得懂"。

钱程认为，好的家用服务机器人应该具备三项核心能力，即：功能、智能和交互。在攻克了功能与智能的难题之后，现在就剩下交互体验还没有解决了。

什么是最佳的交互体验？如果把视角回归到人，人类最原始、最基本的交流方式就是语言。

尽管科沃斯手机端的 App 交互体验已经成为行业翘楚，满足了消费者大多数的远程操作需求，但团队还是选择了自我进化，向着更像"人"的交互方式发展。

智能语音交互在中国起步较早，但是在扫地机器人领域却没有应用的先例。

开发智能语音交互功能时，科沃斯内部争议的焦点在于成本和复杂性。复杂性与音场有关。消费者在向扫地机器人发出语音工作指令时，有时会站在两三米开外，如果机器正处于工作状态，语音交互就将在机器人工作时产生噪声的环境中进行。如何在噪声中清晰地听到远处的语音指令，这是诸多技术难点之一。

增加语音交互功能就是增加集成制造与维护的成本，而这个成本能够产生怎样的价值，业内也是众说纷纭。

如果仅仅是看消费者当前的需求，扫地机器人不过是个工具。福特可是有句名言：在马车时代，汽车出现之前，如果你问消费者什么是更好的交通工具，人们的回答是，我想要辆更快的马车。

一家追求卓越的企业不是在现成的领地中亦步亦趋地发展。商业领域没有一劳永逸的创新，也不存在侥幸的突破，相反，创新的过程酷似将一个沉重的巨型飞轮朝一个方向推动，一圈又一圈，积蓄势能，直至达到突破点，并完成飞跃。

从长远来看，智能语音一定是必备的交互方式，因为它更自然,更符合人类的本性。

科沃斯在地宝X1的整个开发过程中,找来一些厂商谈技术落地的可能性,但有厂商认为价值不大,且实施难度高,先期就放弃了。科沃斯在各种技术方案的比较中,最终选择了语音识别模型中的声学模型,并且采用嵌入式语音解决方案,降低机器人的能耗,提升响应速度。

现任商用机器人事业部副总裁高翔曾经负责过这段时期智能语音交互的开发工作,样机做出来后,他拿去给高管们试用,结果因为使用体验太差,被集体吐槽。

究竟是技术选型错误还是供应商的能力问题?本来智能语音技术就在不断迭代的过程中,供应商的能力此消彼长,技术方案也各有所长,如果研发团队对这一技术的发展路径没有深刻的认知,很有可能行至中途就转向了。

研发团队在排查了各种问题后,将焦点锁定在了语义范围。

供应商提供的原始语义库范围很广,并没有特别划定与扫地机器人相关的指令,机器在接收到语音后,无法理解其中的语义。语义是与环境理解相结合的。当主人说出"到沙发这里来打扫"时,扫地机器人需要理解,沙发在环境中是什么形状,在屋内位于哪个位置。语义与环境理解相结合,才能激发特定的动作。从这条路径探索进去,团队最终圈定出扫地机器人专属的指令词库,与机器人的动作匹配之后,使用体验立刻就不同了。

勇闯"无人区"

1.
2017 年，钱东奇参加世界机器人大会并发表演讲

2.
2019 年 9 月，钱东奇与钱程在公司总部揭幕全新品牌视觉识别 (VI) 系统

科沃斯将智能语音交互与行业首创的 3D 地图做深度融合之后，消费者终于能够在掌间更好地构建自己的虚拟家庭，并标注出其中的空间属性、房间信息和家具位置等等，从而让机器人完成特定区域甚至是特定家具旁的清扫。如果没有这一功能，传统的语音控制只能向机器人发出简单的"开始清扫"或是"结束清扫"的指令。

因为科沃斯的这些技术突破，如今的扫地机器人有了超越工具的表现，体验感有了质的飞跃。万事俱备，科沃斯准备向着更高的山峰发起冲击。

因产品力而兴

2021 年问世的科沃斯地宝 X1 家族（DEEBOT X1 Family），成为扫地机器人行业的划时代之作。它充分展示了科沃斯对家用服务机器人未来的想象以及一路走来积累的技术实力，也是钱程带领团队多年后，对于产品力的一次全方位诠释。

当时，虽然全球还未完全走出疫情，但科沃斯依旧决定在上海组织一场有质感的发布会。在现场，科沃斯发布了一系列产品，其中地宝 X1 成为当晚焦点。

钱程在现场展示了地宝 X1 的魅力。

"OK YIKO，到我这里来。"

"OK YIKO，去客厅沙发打扫。"

无论人在家中什么位置发出指令，地宝 X1 的"眼睛"会即刻看向指令发出者。听完指令后，它会自主地走向目的地进行清扫，而这只是地宝 X1 上承载的众多突破性技术带来的一个小小功能。更引人注目的是，这台机器人似乎被灌注进了灵魂，与人开始了友好的互动，超出了工具属性，向着管家以及伴侣的方向迈进了一步。

对地宝 X1 最初的构想还要回到 2011 年。那时科沃斯曾经设想过一款全能产品的形态。目前流行的基站那时就有了，甚至像自动倒灰、自动识别等类似于 AI 的功能，科沃斯都已经尝试过。

这 10 年来，科沃斯始终朝着创造更智能的服务机器人的方向前进。在地宝 X1 这款旗舰产品上，科沃斯的技术能力究竟实现了哪些突破？特别是自钱程接手研发部门后，他又为这款产品投注了怎样的想象？

钱程理想中的机器人是"无缝无感，像人一样"。"像人"的一个基本能力就是人和机器可以进行自然语言交互。

经过前期不懈的努力，科沃斯首创了 YIKO 智能语音助手，将语音 AI 算法与视觉 AI 算法深度融合，让消费者在扫地机器人上获得了更加自然的使用体验。

比如，消费者只要说一声"OK YIKO，快速建图"，5 分钟就能得到一张完整的地图。研发人员攻克了语义与环境理解的难题后，消费者只需要告诉机器人"去客厅的沙发清扫"，机器人就能够自主前去。甚至，消费者只要说："来我这清扫"，机器人就可以定位声音的位置，并前来打扫。

智能语音交互功能的实现，进一步扩大了用户范围，让不习惯使用手机的老年群体也能享受科技带来的便利。由此，我们甚至可以构想，通过手机 App 操控只是人类与机器人交互的一个过渡方案，未来人与机器人交互的境界就像人与人的交互那样随意自然。

支撑科沃斯机器人运用未来科技的是强大的芯片算力。

扫地机器人可以被看作在室内行驶的无人驾驶车辆，但它在家庭中面临的环境比路面更为复杂：房型结构不同、杂物散乱一地、门槛高低不一、宠物毛发四散等等，因此，这对扫地机器人动态获取环境信息的能力要求更高。

以一个 150 平方米的房屋为例，在一次完整的清洁过程中，扫地机器人平均需要完成数十万次的避障决策。因此，普通芯片难以支撑起这样的算力需求。科沃斯为此选择了无人驾驶级的人工智能芯片，这颗芯片可以将机器人对物体的感知速度提升 4 倍，将原先二维视觉感知升级到三维。用强大的芯片算力支撑起机器人从二维到三维的视觉感知，这对扫地机器人产业的意义又是什么呢？从二维到三维，扫地机器人对家庭环境的感知精度是截然不同的，"视觉"的精度影响机器人的"聪明程度"。

为了让机器人拥有像人一样的视觉能力，科沃斯不断地寻找技术解决方案。2019 年，科沃斯在全球第一次将 AIVI 人工智能与视觉识别系统应用于扫地机器人上，扫地机器人从此有了眼睛，开始像人一样识别、判断前方障碍物的种类和相对位置。2020年，科沃斯推出了业内首款采用3D结构光避障的地宝产品，第一次把避障体验推向了毫米级，创造了业内避障水平的新高度。而地宝X1在前期技术积累的基础上，推出了AIVI 3D，首次将地图体验带入了三维时代。三维地图时代的扫拖机器人能够自主识别家庭户型、房间类型和多种家具的精准位置，并以3D形式呈现在手机上，这让指定区域清扫成为可能。消费者只需要在3D地图上点击对应的家具，扫地机器人就能精准抵达并高效完成清洁工作。从消费者使用数据来看，相较于定期的全屋清洁，消费者使用局部清洁功能的频率更高。

同时，地宝X1再一次升级了"解放双手"的概念。以往的产品中虽然有扫拖一体的功能，但是扫完、拖完之后，消费者要频繁地对集尘袋和水箱进行清理。基于这一点洞察，科沃斯为地宝X1配备全球第一台集自动集尘、自动清洗拖布、自动补水、自动除菌、自动烘干五大功能于一体的全能旗舰基站，在业内首次实现了自动集尘与自动清洗拖布功能的二合一，可以满足用户多达30天的集尘要求，告别手动清洗抹布。

地宝X1的外观简约而有科技感，可以上升到家庭艺术品层面。钱程认为，扫地机器人不应该隐藏在家庭的角落中，因而他邀请到丹麦极负盛名的设计公司Jacob Jensen Design（JJD）为产品做工业设计。打动钱程的不只是他们享誉业界的设计,还有创始人雅各布·延森(Jacob Jensen)的设计理念:仅仅拥有美感的设计,或者仅仅拥有出色的技术都是不够的,一个打动人心的产品需要实现功能整合与设计美感的平衡。

产品设计最终体现了科沃斯想要达到的设计目标:功能强大但平易近人,内核复杂但形式简单,个性鲜明且包罗万象。

终于,科沃斯通过技术与艺术的融合,将地宝 X1 家族的产品体验推向了一个全新高度,成为服务机器人行业的又一个里程碑。

在钱程看来,地宝 X1 家族帮助科沃斯在全球范围内进一步推动了品牌高端化。在科沃斯 2022 年美国"黑五"的销售额中,以地宝 X1 家族为代表的 800 美元价格段产品贡献了总销售额的 70% 以上,其他市场,800 美元价格段以上的销售贡献占比超过 50%。

很多海外消费者在亚马逊的商品页面上留下了对地宝 X1 的评价:

"这个小东西使用简单,能够巧妙地绕过物体,现在我可以光脚到处走了,感觉很棒!"

"这是给我妈妈买的。她以前是公司高管,有了这个产品,她退休后可以不用打扫地板了,她感到很高兴。"

显然,地宝 X1 家族在功能、智能和交互方面的全面升级,让海外消费者的体验有了质的提升。当他们真切地感受到技术创新所带来的价值时，心甘情愿地为更好的产品付出更高的价格。

凭借优质的产品力，科沃斯在各国成功开拓了高端市场，截至2023年2月，地宝X1家族产品在全球市场售出超过50万台。同时这也说明，这个产品系列已经肩负起了品牌形象高端化、国际化的职责。

在国内市场，科沃斯由于拥有更为丰富的产品线，可以实现全价格段的布局，去从容应对竞争。这几年通过对各级供应链的全方位优化，科沃斯逐渐形成了以共享技术平台来进行产品开发的方法论。当竞争来临时，科沃斯可以基于和地宝X1家族同样的开发平台，打造出一个更加物超所值的地宝T10家族。而这个产品家族能够以相对性价比去迎接下一价位段的市场竞争。

2022年的"双十一"中，这一产品策略取得了巨大的成功，售价更亲民的地宝T10成为全网扫地机器人品类销量第一名，而依旧引领行业技术的地宝X1紧随其后。

做好产品力的基础是保证研发的效率。钱程给研发团队定下的目标是，一年必须推出两代产品，在春季和秋季各上一款次重磅和重磅的产品。"一年两发"的快速迭代方式，等于是把一杆旗帜插在了行业高地，倒逼团队全力以赴地冲锋。

这一策略发挥了效力，如今，整个研发团队严格按照时间表倒推工作进度，把任务分解到每一天，产品创新和走向市场的速度明显加快。

在做好产品力方面,钱程是不遗余力的。他认为只要有好产品,就永远有进入市场的机会。

知识产权是发展的基石

2022年,国家知识产权局专利复审与无效审理部对某品牌拥有的3件专利出具了专利权全部无效的决定。

此前,某品牌发起对科沃斯的专利侵权诉讼,科沃斯快速提起专利无效程序。案件经审理后,国家知识产权局做出了上述决定。

竞品的败诉,败在了没能分清"真创新"与"伪创新"上。扫地机器人行业发展多年,有些技术已经成为行业的通用技术,但后来者因为行业经验不足,常常以为是创新技术。申请专利时,审查员也可能因为对行业技术了解不够透彻,使得专利被注册通过。

相关文件显示,某品牌被判无效的专利中,有一项名为"驱动轮和清洁机器人",主要核心技术点是机器人驱动轮胎表面的花纹。但现有技术中关于轮胎花纹的设计已经是非常成熟的技术了,该项技术在技术的新颖性和创造性上都缺少支持。

当中国产业进入技术创新驱动的时代时,在研发上投入巨大的公司，通常都会以专利保护来给公司穿上"防弹衣"。

通常，技术创新可以带来自然垄断，虽然是暂时性的，但因为有知识产权保护，才给了创新者在自然垄断期内高额的回报，用以弥补巨额的研发支出，从而促使企业继续投入创新，形成正向循环。如若模仿者不顾知识产权，完全零成本地模仿跟进，这条闭环终将被打破，最后不仅产业的领导者失去创新的动力，全行业也会停滞不前。

因而，专利制度的本意是利用法律和经济手段来鼓励人们进行发明创造，推动科技进步，促进经济发展。这是一种保障性制度。

科沃斯集团将知识产权部列为战略部门，知识产权部总监直接向董事长钱东奇和最高领导层汇报。钱东奇对知识产权的重视可以追溯至2000年的HSR项目。研发之初，他就为项目配备了一名专利工程师。

钱东奇长年与国外客户打交道，知识产权保护的观念已经深入骨髓，在对待专利上不敢有丝毫马虎。在项目开始前，他会对各个品牌的专利布局进行详细解读，包括详读文献，了解专利的法律状态，后申请的专利在原有专利基础上进行了哪些技术改进等等。

专利还是一门交叉学科，不仅研发人员要懂法律，律师也要懂技术。申请专利也有无数的窍门。钱东奇在深入学习专利知识之后，才看清楚别人在专利中是怎么"布雷"的。

这些努力日后转化成为专利"避雷"的工作流程，形成研发工程师与专利工程师协作的机制。研发之前，双方要穷尽分析某项技术的专利保护情况。如果已经有相关专利，专利工程师要负责甄别"雷区"，研发工程师考虑的是如何绕开"雷区"，实现研发目标。

在专利保护上，钱东奇对专利诉讼始终是无惧无畏的，这是缘于他对技术路线的透彻了解，也缘于他对专利技术长久以来的学习和研究。因而当竞品试图通过专利诉讼来阻击时，哪怕是海外品牌在海外发起的天价诉讼，他也一样从容应战。

钱东奇说："知识产权这件事，我们确实是在保护，非常落地地去做这件事，需要打仗的时候，我们都会硬碰硬地去打。"

科沃斯成为产业领军者后，不可避免地面临着被竞争对手模仿的局面。进入扫地机器人领域后，科沃斯始终保持技术领先，创造了多项"第一"：第一个通过LDS-SLAM（激光导航）技术将产业推向智能规划时代；第一个推出蓝鲸清洁系统实现扫拖二合一；第一个推出3D-Drive立体清洁系统，实现全方位清洁和自动集尘；第一个推出全能基站，集成充电、集尘、拖布回洗、自清洁、热风烘干等功能于一体；第一个将AI自然语言交互助手应用于扫地机器人……

在互联网时代白热化的竞争中，科沃斯的"第一"常常成为行业发展的标准。模仿者的策略是盯紧市场领导者的创新技术，迅速跟进。

总是被抄也不是个办法。钱东奇为了摸清知识产权保护的情况，早年决定在国内打一场吸尘器的专利官司。钱东奇对知识产权团队说，不论输赢，主要是了解机制。但是，打完这场官司，钱东奇才知道有多么耗时耗力。这场官司直到二审才打完，对方只被判罚了20万元，而科沃斯在商业上遭受的损失远不止这个数字。

事实上，诉讼的缓慢节奏永远跟不上市场竞争的变化。钱东奇认识到，靠专利战来赢得商战是不现实的。

科沃斯此后修正了策略，一方面做强品牌影响力，提升品牌在消费者心智中的资产沉淀；另一方面采用小步快跑持续创新的策略，为消费者持续创造价值。钱东奇说："尽管科沃斯还有一些专利官司在打，但是到今天为止，我都认为靠这个挽回损失不现实。现在动作稍慢，就会被赶超。如果仅仅采取专利保护一项措施，官司打到猴年马月，公司也没了。这都是被逼出来的。"

被逼出来的是，科沃斯要求知识产权部门必须辅助研发部门冲锋，业务往哪里冲，知识产权部门就往哪里跟，甚至还要提前去做研究，给业务部门提供全面的战略性支持。

科沃斯的专利保护人员在与研发人员的协作中，清楚地了解了技术发展的脉络，能够甄别出哪些是有价值的创新，哪些是伪创新。知识产权部门摸索出来的经验是，如果一家公司只看到消费者的需求，而不去研究技术发展的脉络和发展逻辑，技术解决方案呈现出来的样貌通常有着东拼西凑的痕迹。因而，当科沃斯的研发部门在外部寻找技术合作方，或是准备购买专利时，知识产权部门会介入，避免在伪创新

知识产权是发展的基石

1.
2005 年，德国客户庆祝多级旋风专利胜诉
2.
公司荣获"国家知识产权示范企业"与"苏州市商业秘密保护示范点"

的专利上"踩雷"。

打知识产权官司这件事，在钱东奇看来就是对知识产权最大的尊重与保护。在公司创立的25年间，科沃斯前后打了二三十场专利官司，无一失败。

截至2021年末，科沃斯合计获得授权专利1202项，其中发明专利387项（包括109项海外发明专利）。发明专利中与软件算法相关的共计103项，与传感器解决方案相关的共计20项，科沃斯的专利数量和质量都是其在行业竞争中保持第一名的基础。

创新产品需要知识产权保护，但产品自身更要有"力"，这种"力"是打动消费者的持续创新能力，是精耕市场和渠道的运营能力，是持续进化的勇气，这些力量将转化成消费者对品牌的忠诚，对产品技术的认可，而唯有得消费者，才能得市场。

服务十六字诀

科特勒认为，产生销售不是市场营销的最终目标，它是建立和管理顾客关系的开始，最终目的是建立忠诚的顾客基础。如果没有建立自己的顾客忠诚度，公司将不断投资以获取新顾客。

产品要占领市场，初期品牌关注的是功能的差异化，而现在，服务的差异化开始成为领先市场的重要战略。

从产品到消费者，中间是一条漫长的链路。阻隔这条链路的不是产品售卖的物理距离，而是消费者的认知与体验。有多少消费者在走过品牌店时，眼皮都不会抬一下，那是因为品牌没有进入他们的心智。

从制造有形的产品到进入消费者无形的认知体系，在一个销售的闭环中，在起点考验的是产品力，起点之后考验的皆是服务力。

为了优化从产品到消费者的整个链路，科沃斯首先对产品矩阵进行了修正，从以终为始的角度来看待产品与消费者的关系。

2018年，科沃斯的产品多达200多个SKU，管理层在对不同的SKU进行分析时，发现产品功能的差异并不大。公司之所以开发出如此众多的SKU，是为了适应电商平台的销售逻辑。消费者在电商平台搜索关键词时，列表中出现的每一个被搜索出来的产品就是一个流量入口。

但这些流量是有效流量吗？消费者具备辨识这些产品差异的能力吗？

团队在深入思考后发现，渠道（合作伙伴）固然是重要的考虑因素，但支撑起渠道（合作伙伴）发展的却是终端消费者。从品牌方的角度来说，究竟是打渠道的流量战，还是打消费者的认知战？几经权衡，科沃斯认为消费者的认知更加重要。如果消费者无法在庞大的产品体系中一眼找到适合自己的产品，多SKU的策略反而是在增加他们的认知成本和品牌的沟通成本。方向明确之后，科沃斯就开始着手对产品做减法，并对保留下的产品进行分类和重命名。产品分类的目的，不仅是为了便于人们记忆，更是为了区隔目标人群，降低消费者的决策成本。

科沃斯将扫地机器人产品逐步规划为三个系列：

N系列取洁净（Neat）之意，针对关注洁净度和便捷度的人群。如果消费者最基本的需求就是干净和省事，并且不愿意付出特别高的购买成本，N系列就会是他们的最佳选择。

T系列代表技术（Techy）含量，针对更多关注产品科技属性的人群。这类消费者除了购买扫地机器人，还会在家中添置各种智能家电产品，希望通过更先进的技术手段提升操作体验。相对而言，这类人群愿意为有技术含量的产品付出较高的购买成本，T系列是他们的首选。

X系列则是极致（eXtreme）体验的代名词。这类消费者往往想要最酷、最前沿、最独特的体验，还希望产品设计与众不同。地宝X1家族的集行业领先科技于一身的产品体验，和简约而有高级感的外观设计，也为改善消费者的生活形态做出了贡献。

科沃斯的产品分类像一个金字塔结构，底部产品满足消费者的基本需求；中间层产品做到了更多的功能与体验差异；塔尖产品则肩负着引领市场和消费者的使命，满足消费者更高期待，提供极致体验。

科沃斯做出这一产品分类和命名体系的目的，需要从公司内外两个视角来看。对内，这是从源头给予产品更清晰的定位，体现长期的产品组合规划；对外，这体现了科沃斯作为头部品牌的品类教育使命。

为什么这一分类具有这样的意义呢？到目前为止，中国的吸尘器户均渗透率不超过20%，对扫地机器人的认知更是处于市场早期，不能期望消费者在不完全了解产品的情况下，就去购买最高端的产品。消费品公司往往需要在品牌定位上做出关键选择：究竟是成为相对"曲高和寡"和"奢侈"的品牌，还是成为能够让更多人买得起，并服务更多人的品牌？对科沃斯来说，答案显然是后者。这是公司一直以来的使命——"让机器人，服务每个人"。因而，对于有着不同需求的消费者，X、T、N的分类可谓一个最佳的产品系列组合。

在简化产品的过程中，管理层也曾经辩论过，未来扫地机器人的产品是否会做到像苹果公司那样在每个品类里，用少而精的几个单品就打爆市场？刘文宁认为这是有可能的，但与手机产品不同的是，手机用户对硬件要求的差异较小，人的手掌大小不等，手机只要依据手掌大小，分成少数几个型号即可，但家居环境却是异常复杂，变量极多，这些变量包括地面材质、房屋面积、障碍物高低多寡、有没有宠物等等，要在复杂的家居环境实现一个或者少数几个单品走天下，还是有些难度的。

经过三年的努力,科沃斯把产品SKU精简至30多个。这样的精简极大地提升了产品的生产效率、渠道的分销效率,降低了供应链管理的难度,也提升了销售市场端与消费者的沟通效率。

此外,产品的命名也是一门营销的艺术。这几年,科沃斯逐渐摒弃了原有产品中长串数字代号体系如地宝DT85G、DN33等,逐渐采用了X、T、N加数字的命名方式,比如X1、T10、N9,这样的命名法更便于消费者分类、理解、记忆,同时也更便于消费者在互联网平台上进行搜索。

但是要将全新的命名体系落地,还需要其他因素的辅助。X、T、N系列各自有着全然不同的视觉表达体系,它们在媒介触点、电商渠道、色彩风格以及机器人所发出的科技虚拟线等方式上各有侧重,让消费者在记忆品名、阅读产品介绍之前,就已经对产品类别有了视觉印象。

诸强指出,品牌建设中一个重要的基本认知是:在人类获取信息的途径中,80%以上的信息来自视觉。因此,科沃斯对营销团队进行培训,做好品牌视觉规范管理,令消费者在阅读具体产品介绍的长文前,先对不同命名体系下的产品有一个感性的认知。

接下来,团队开始梳理消费者整条购买链路上可能产生的问题点。从产品上市开始,一直到消费者决定购买、与消费者的沟通、购买的便捷性、用户预算以及口碑转化率都是问题点,它们分别对应着科沃斯的服务十六字诀:"萦绕于心""触手可得""预算之内""口口相传"。

"萦绕于心"指的是与消费者的有效沟通。在全媒体时代，沟通的平台和方法是多方面的，硬沟通是广告投放，软沟通则是适应媒介的多元化，在社交平台上分享产品，在知乎上提供技术分析，在B站上做长视频测评，在抖音上产出消费者喜闻乐见的幽默内容。这些工作是在对的平台、对的语境之下，将消费者想要知晓的信息充分传达。

科沃斯与经济学家薛兆丰联手做过一个营销推广活动："一起来算笔时间价值的账"。在这笔时间账中，薛兆丰以一个快递小哥为例，计算他的时间价值。通常人们认为快递小哥的时间价值没有经济学家、企业管理者的值钱。但是快递小哥在使用扫地机器人后，每个月可以节约10个小时的打扫时间，而这10个小时对于快递小哥来说，可以赚1000—2000元。

"萦绕于心"的重点是"打动消费者"。产品的价值需要巧妙地融入不同场景，或者用经济账，或者用情感牌打动消费者。比如每对父母都会重视陪伴儿女，但是工作和家务往往占去他们大量的时间和精力，有了扫地机器人，父母便能节省出一部分做家务的时间来陪伴孩子成长；那些离家远行的儿女因无法照顾年迈的父母，也往往会想到为他们买一台扫地机器人，免去他们的打扫之累……这些是消费者在日常生活中的真实体验，品牌方需要发掘这些故事，找到其中的情感价值，让消费者产生共鸣。

客户在对产品入心之后，品牌如何让产品"触手可得"便是下一个课题。除了线上销售之外，企业的线下门店对于机器人这样的新品类是至关重要的。

近几年，科沃斯开始着手将门店改造成为体验店。这一改造的确是针对目前服务机器人市场渗透率尚低的情况而进行的，科沃斯希望给消费者提供更多了解、体验产品的触点。

体验店的功能设定、传递的信息与品类的发展阶段是息息相关的。由于服务机器人尚处于品类发展的初期，很多消费者没有接触过这个品类，因此，他们在体验店中的感受会影响对品类的认知。

科沃斯在体验店的设计中，处处体现出对消费者心理的洞察。在设计之前，科沃斯考察了市场上各种品牌的体验店，比如有的品牌将体验店的背景墙设置为黑色，店内采用射灯打在产品上，形成视觉聚焦，这种设计让产品犹如明星，但不足之处是，灯光明暗的对比度太强烈，很难让人在店中久留。

科沃斯希望消费者能够长时间地驻足停留在体验店内，给导购员留下足够的时间做产品讲解，因而灯光的柔和度以及环境的舒适感是设计师所关注的方向。目前体验店中的照明采用的都是灯膜，见光不见灯，色差和色温也是几经调试，为的是让消费者眼睛处于最为适宜的状态。

体验店的完善是一个不断改进的过程。做完试点门店改造后，科沃斯从数据反馈发现，进店率、转化率、留存率、扫店铺二维码的比例有了显著提高，说明体验店的设计符合消费者的期待。

"预算之内"则是多价位段产品分类的用意所在。科沃斯的原则是让消费者选对的,而不是选贵的,这会给予消费者更好的体验,良好的体验又会触发消费者形成品牌的"口口相传"。

接下来的"口口相传",是整个链路中至为关键的一环。消费者在购买时并非都是理性决策者,很多人是基于自身的感受而做出选择。

在社交媒体时代,和品牌广告同样重要的是消费者自发的口碑与分享,"好事不出门,坏事传千里"的行为特征在社交媒体中会被无限放大。企业需要对此有深刻的认知,对消费者的各种声音做出回应,让消费者有兴趣讨论产品,讨论之余还愿意购买,并且让品牌信息扩散出去,转化成为新一轮的从产品到消费者的链路。

一款地宝产品上市后,有消费者反映抹布在拖地时水量偏大,希望能改进。科沃斯在社交平台监测到消费者的反馈后,一方面主动联系他们提供解决方案,一方面马上向研发部门提出改进抹布的用水量。很快,研发部门就对系统进行了升级,水量问题得以精准控制。这样的积极响应也让消费者感受到了科沃斯对他们的重视,他们有的在社交平台上分享自己的使用体验,有的开始向自己的家人朋友介绍和推荐科沃斯的产品。这便是口碑积累下来的主动传播。

由此可见,科沃斯总结的"服务十六字诀",都是在细节之中见真章。

服务十六字诀

2022 年 11 月 11 日，科沃斯全场景机器人体验中心开幕

第七章 开辟第二增长曲线

商用服务机器人驶入蓝海

2021年,科沃斯机器人对业务体系、组织设计与内部工作流程进行了全方位的梳理与重塑,形成了"家用+商用"的两大场景业务布局。由此,科沃斯商用服务机器人业务走上新起点。

商用服务机器人的市场空间巨大,但一直没有成规模的大品牌,目前处于群雄逐鹿的状态。2021年底,中国商用清洁设备的市场规模可达485亿元,但机器人化率仅为0.56%,这与中国家用清洁设备市场中超过40%的机器人化率形成了鲜明的对比。问题究竟出在哪里?

从投入产出比的角度来衡量,商用清洁机器人现有的解决方案无法实现工作效率和使用成本之间的平衡。从技术角度来看,目前有四大问题未能得到有效解决,它们分别是复杂多样的清洁需求,效率和安全难以平衡,多机协作尚未实现,购买成本难以负担。

其实早在2016年,科沃斯便成立了商用机器人公司,试图打开商业的应用场景。这一时期恰好迎来国家对机器人产业扶植的黄金期。科沃斯的第一个商用机器人订单来自银行，配合智慧银行建设，推出了一款基于智能对话和基本运动的公共服务机器人——旺宝，在营业网点担任"迎宾员"的工作。这次小小的尝试算是埋下了科沃斯在商用领域探索服务机器人解决方案的种子。此后，科沃斯还开发过为保险、政务、零售等垂直场景服务的机器人解决方案。

然而，科沃斯在公共服务机器人领域的优势并不明显。未来，商用服务机器人究竟是应该跟着商业客户的场景和需求走，还是跟着自己的能力走？

管理层为此回到公司的起源和能力上做思考——清洁才是科沃斯的强项。公司应该从这个角度出发，将清洁功能从家庭延伸至更多的公共区域，进入写字楼、酒店、医院、商超等场景。这是一条更为合乎逻辑的发展途径。围绕用户价值，科沃斯能将清洁这件事做深做透，逐渐为商用机器人行业开拓出一条全新的发展曲线。

科沃斯进入商用清洁赛道有着其天然的基因和充分的积累。从宏观维度看，支撑这一决策的背景，是中国基础劳动力的供需失衡和物业清洁服务数字化管理的大趋势。

由于人口老龄化以及年轻人择业意向的变化，使得未来保洁人员的供应将面临短缺。目前中国约有10万家保洁公司，1000万至1500万名保洁从业人员，但平均从业年龄为55岁。除了人员短缺，保洁服务的效率、质量、标准化过程也很难管控。这些痛点给了商用清洁机器人展示其价值的机会。

商用清洁机器人的技术瓶颈在于环境的复杂多变。一旦进入这个赛道，技术难度立刻提升。商用场地面积通常较大，租户经常变换，室内的摆放物也经常变更。商用机器人的定位建图能力既要能够覆盖数千平方米的小场景，也要能够覆盖数万平方米的大范围区域，同时机器人对于环境中的异形物体、悬空突出物、行人等复杂障碍物都要有成熟的解决方案，既要实时定位，还要保证移动的流畅性。科沃斯从系统性设计的角度，对商用清洁机器人的产品形态、传感器方案、软件系统架构等都进行了一次重新定义。

在2022年10月发布的商用清洁机器人DEEBOT PRO的方案中，科沃斯配备了一小一大两台机器人K1、M1，解决小、中、大型各类商用场景下复杂的地面清洁需求。两台设备解决问题的方法不同——K1设计小巧、灵活性高，可通过最窄52厘米宽的空间，集洗地、扫地、尘推、吸尘四大功能于一体。M1个头较大，是中大场景下的专业清洁机器人，拥有"扫洗推"三合一的深度清洁能力。

科沃斯对商用清洁机器人的期许，还远不止机器人本身，更主要体现在全新自研的机器人多机协同系统HIVE（Homogeneous Intelligence Variable Execution）中。这一系统可以实现机器人之间自主共享环境与位置信息，通过中央调度自主协同清洁作业。

现在，以扫地机器人为代表的家用服务机器人已经逐步成为家中所有物联网（IoT）设备中具有特色和富有想象力的生态中心。而在商用环境中，暂时还没有形成这样的生态，因此通过 HIVE 系统实现互联的科沃斯商用服务机器人则很有可能去构建这样的生态——它们具有自主移动能力，可以彼此协同，以后还有潜力纳入更多的设备。

目前在工业领域，人机协作机器人已经在智能工厂大规模应用，代替人从事一些重复、繁琐且精密度高的加工。智能工厂内的车间场景是，有些流水线上工人与机器人"工友"一起工作，当工人伸手取物时，机器人会主动收回手臂，耐心地等待"同事"完成工作，彼此协作，从而完成一道精密的工序。

工业 4.0 的概念已经得到了广泛的讨论，而商用机器人 4.0 时代似乎还未真正开启，部分原因是由商用服务机器人的工作环境更加复杂，且商业客户需求多变导致的。比如在大型购物中心，商户变更是常态，商场中心地带的搭建物随促销需求而变。更考验商用机器人清洁覆盖能力的是，家庭中沙发、桌椅等家具通常是固定的，而商场中，人群经常在不同的地方聚集、流动，机器人要实时计算如何穿梭于这些动态移动的物体中，达到最大程度的清洁覆盖率。商用清洁机器人不仅要有比工业机器人更完善的空间环境感知能力，还要有更强的规划、判断和决策能力。

目前，科沃斯将商用清洁机器人的使用场景聚焦于商业地产，比如商业写字楼、酒店、小型商业门店等，整体发展策略是先聚焦特定场景，完成技术迭代，然后再一步步地应对更为复杂的场景。未来，商用机器人可以形成一个应用平台，提供不同商业场景解决方案，让商业客户各取所需。

然而，接下来的商业化推广对科沃斯的挑战却丝毫不亚于之前的技术开拓。

零售端的产品只要做得不差，在一个大型销售平台上总有被引爆的机会，但商用的难度在于需要一家一家地开拓客户，各家场景不同，解决方案也是个性化的。不同层高、租户数量不同的空间，机器人数量的配比和协同方式都会有差异。

科沃斯也借鉴了其他领域的全租赁商业模式，在2022年的发布会上向市场宣告，DEEBOT PRO新品将通过全租赁方式以降低客户的决策成本。

科沃斯将清洁功能作为商用服务机器人的敲门砖后，也在进一步规划其他具有复合功能的服务机器人，去形成未来的应用生态。

虽然，目前科沃斯在商用服务机器人领域只是迈出了一小步，钱程却将商用业务提高到与家用业务同等的地位，并将其视作公司的第二增长曲线。

对于商用服务机器人未来前景的想象，我们可以用10年前看人工智能，20年前看大数据，40年前看信息高速公路时的视角和心态来解读。数字时代的技术跃迁方式，是在瞬息之间碾压那些依旧按传统经验治理的企业。钱程的目标是，在不久的将来，商用服务机器人不仅成为公司核心业务板块，更会成为行业与市场标杆。

开拓增量市场，就要多那么"一点"

2019年，科沃斯在家用机器人业务板块下还默默孵化了一个全新品牌——"一点"。

业界对"一点"的定位揣测纷纷，认为这是以性价比的策略在对竞品实施进攻，但钱程的观点和他父亲一样，看自身的需要，而不是被竞争对手牵着鼻子走。作为头部企业，科沃斯要解决的一直是品类渗透率的问题。作为市场占有率排名第一的企业，科沃斯的目标不是在存量市场中竞争，而是希望把这一品类的市场做大。从调研反馈数据来看，在全球大部分地区，扫地机器人品类的家庭渗透率不足10%，家庭清洁工具中的机器人化率也还很低。

为了扩大市场增量，科沃斯在品牌家族的规划中，将"科沃斯"品牌逐步定位于市场的中高端，在技术上向上突破，给消费者带来更前沿、更酷的体验，让中高端消费者从使用吸尘器转向使用扫地机器人，甚至，让拥有了第一台扫地机器人的消费者更新迭代更高端的产品。"一点"品牌则定位于年轻族群，做增量市场，通过产品设计、使用的便利性和相对性价比，甚至让还未使用过吸尘器的年轻人，成为扫地机器人的新用户。两个品牌针对不同的市场，但殊途同归，都是为了做大市场、提升品类渗透率，共同提升消费者的清洁体验。

针对自己的目标消费者，"一点"把成本这件事考虑得深入而又细致。在扫地机器人上，成本有三层不同意义。第一层是让消费者买得起，第二层是降低使用成本，第三层是降低服务成本。"一点"从产品设计初期就在思考这些完整的使用链路和体验。

让消费者"买得起"，考验的是设计能力，在满足功能的前提下，对产品的体积、零件、制造效率以及装饰性材料等细节都要进行全方位的改进。

针对不少消费者中存在的"机器人＝复杂、繁琐"的观念，"一点"品牌在设计时力主消费者开箱即用。比如"一点"的机型设计中，设计师们采用了单一按键设计，无须通过手机 App 联网注册，也不用遥控器，消费者只需按下按键，短按表示开始/暂停清扫，双击开启强劲模式，所有的操作一键完成，用最简洁的设计消除消费者的使用障碍。"一点"在设计这一功能时，将公司最为看重的联网置于第二位，将易用性置于第一位，体现了对初代消费者的尊重以及"以用户为中心"的原则。

至于服务成本，有不少消费者担心购买机器之后，要花更多的钱在耗材上。现在，"一点"正在尝试做一些免更换耗材的产品，节省消费者的长期使用成本。

最后,"一点"实现的是让消费者开箱即用、打扫干净以及没有后顾之忧的使用价值。

"一点"的这些巧思以及偏年轻的外观设计,受到不少女性消费者的喜爱。在"一点"品牌的中国消费者群体中,女性占80%,海外消费者中女性占67%,都是行业里女性消费者占比较高的品牌。

就是通过这"一点"的尝试,加上以"科沃斯"为代表的头部品牌的持续耕耘,过去三年,扫地机器人在中国市场的品类渗透率有了进一步的提升。

开启割草机器人的 2.0 时代

从2022年开始,科沃斯进入多产品线、多品类布局试验的深水区。

科沃斯在全球化的产品布局中,发现海外,特别是欧美地区的庭院护理设备存在巨大的市场需求。它的机会同样在于庭院护理设备的机器人化率很低,这与扫地机器人的发展现状形成了鲜明对比。

据统计,2021年,全球私人草坪和花园共计有2.5亿个,而在一年中,有将近8个月都需要草坪护理。2021年,全球草坪护理工具市场规模达到57.5亿美元。

割草机器人诞生于1995年,但时至今日,割草机器人与扫地机器人两个品类的发展可以说是天壤之别。在全球室内吸尘品类中,机器人化率已达27%,而割草工具的机器人化率仅有10%左右。

现有割草机器人有三大使用"痛点":需要人工预埋边界线,只能随机或半规划切割,经常卡困或者伤人伤物。这说明现有产品并不具备机器人的基本能力。其技术瓶颈,其实就是"边界感知""精准定位"和"导航避障"三大问题。

科沃斯作为一家机器人公司,希望通过技术创新来开启庭院护理场景的机器人化进程。

欧美的庭院环境多为半开放或全开放,而且地面不平整,这对机器人的边界识别和精准定位能力带来很大挑战。其中精准定位是基础能力,科沃斯认为机器人视觉是解决割草机能力问题的最佳方案之一。

2022年,科沃斯发布的GOAT G1割草机器人配备了首创的机器人视觉解决方案,其核心是全新的TrueMapping四重融合定位系统。它首创的"360度全景摄像头和鱼眼摄像头"机器人双目视觉方案,可以实现在庭院空间的"厘米级"精准定位,同时区别于市面上的RTK方案,不会受到大气电离层或环境中遮挡物的影响。另外,它还集成了UWB超带宽无线载波通信技术、惯性导航技术和GPS定位技术,表现更加稳定。

GOAT G1完全省却了消费者人工部署边界的繁琐步骤,只需在初次使用时遥控机器,围绕庭院走一圈,20—30分钟便可完成一个标准庭院的边界设定和地图创建。GOAT G1 也能够实现高效的逻辑切割，一天可以切割 600 平方米的草坪，并且做到不重复、不遗漏。

此外，GOAT G1 上配备的适应庭院环境、由视觉传感器和 ToF 传感器组成的 AIVI 3D 解决方案，都是基于科沃斯过往在扫地机器人中积累的技术，它能够识别庭院中常见的障碍物，并在靠近时停转刀盘、远离避让，极大地提高安全性。

在发布之后，GOAT G1 于 2023 年 4 月首先登陆欧洲、中国市场，为当地消费者开启割草机器人的 2.0 时代，也标志着科沃斯机器人从家庭室内走向室外，掌握了更多的机器人使用场景。

最新的科沃斯服务机器人产品大家族中，包含全能扫拖机器人旗舰地宝 X1 家族、多功能空气净化机器人沁宝 Z1、擦窗机器人窗宝 W1 家族，它们组成了科沃斯家用室内清洁场景的立体解决方案；GOAT 和 DEEBOT PRO，则是科沃斯提供给更广阔的室外及商用场景的全新产品。在这些产品背后，不仅有科沃斯在芯片、电机、传感器等核心零部件上的一再突破，更有定位、导航、避障、清洁、AI、算法等底层能力的持续创新。

从生活到生产，再到更为广泛的生态环境，科沃斯正在走向更广阔的天地。

数字化开辟新疆域

"1亿次YIKO智能语音交互!"

2021年9月15日,全球第一款自带语音交互的扫地机器人地宝X1上市以来,截至2022年12月,科沃斯自研的YIKO智能语音交互次数已经突破1亿次。科沃斯用户对语音的使用量首度超过App。

1亿次语音交互孕育的是一个大数据的富矿。

在科沃斯寻找的第二增长曲线中,由设备的联网、交互带来的机会是一个前景可期的未来。

"大数据"一词最早出现在未来学家阿尔文·托夫勒的著作《第三次浪潮》中,他提出这一词时是1980年,称大数据将是第三次浪潮中的华彩乐章。但直到2009年以后,"大数据"才成为互联网科技行业的一个热词。2011年6月,管理咨询公司麦肯锡发表《大数据》报告后,大数据的应用才逐渐引起行业的重视。从大数据概念的提出到应用,历经30余年。

钱东奇很早就意识到,扫地机器人终有一天会从遥控器时代走向App时代。早在2011年,他就要求设备联网,基于联网所获得的数据,科沃斯才能深层次地理解消费者的家庭环境和使用习惯,从而与消费者建立起持久的关系。钱程则将父亲的远见从联网时代推进到了智能语音时代。

未来智能家庭的生活场景是多维度连接互动的。硬件上，家中的电视、厨房电器、扫地机器人可以互联互通；交互上，消费者可以通过App、语音、脑电波、手势等各种方式来控制智能硬件。无论身处哪种情境，设备的连接性是最核心，也是最基础的要求。

2022年，科沃斯已经有1400万App联网用户，在地宝X1家族和地宝T10家族的消费者中，有超过40%的用户使用YIKO智能语音启动清洁功能。

科沃斯为何如此重视设备连接的价值？除了为消费者提供更好的使用体验，背后还有怎样的机会？

试想，如果扫地机器人还停留在遥控器操控的时代，无法联网，那么企业和消费者之间就是一次性的买卖关系。消费者的家庭环境有哪些特殊性？他们在使用中会遇到什么问题？他们希望产品帮助自己解决哪些问题？……对于这些情况，企业是一无所知的。

进入联网时代之后，那些使用过程中发生的问题经授权后会被留存下来，后台收集到这些数据后，可以对故障原因进行排查，及时帮助消费者解决问题，并推动产品持续改进。

在符合海内外多种用户隐私数据要求的前提下，科沃斯通过反馈回来的数据发现，消费者对于联网有多种探索方式。科沃斯内部的互联网中心对数据进行拆解，分析消费者在联网的每一步发生错误的概率,哪些手机型号的错误率高等等,这些统计分析经过持续迭代,设备联网率从最初的不到百分之六七十,提升至90%以上。

有设备联网做基础,后续科沃斯才能给消费者提供更好的交互设计。当智能语音交互推出后,这一功能进一步降低了扫地机器人的使用门槛,提升了体验感,企业与消费者进入无缝衔接的阶段。

不要小看数字化体验中任何一个功能的改善。消费者是没有耐心的群体,他们购买产品的目的是省时省力、拿来即用。如果产品能让他们享受"懒人"生活,消费者当然乐意。他们还通过购买耗材、升级新品增加与品牌的黏性,这都是由联网带来的二次、三次销售机会。科沃斯在扫地机器人中引入 App 和智能语音交互功能,实则在助推"懒人指数"的进一步升级。

钱东奇在早年推出扫地机器人时,他使用的营销术语便是"解放双手",而随着扫地机器人越来越智能,"解放双手"从形式到概念也在不断升级,它正在变得更懂"主人"。

科沃斯扫地机器人对环境的识别能力已经从二维发展至三维空间,像人眼一样"看"到并且"理解"环境中的物体。消费者只要说"去客厅沙发打扫",扫地机器人便能准确地到达指定位置。更进一步,借助人工智能对三维空间的理解,消费者还可以说"到沙发和茶几的中间位置来打扫",或者"到桌子的前面去打扫"。这些抽象的位置指令涉及位置的关系，对扫地机器人来说，比到达具体的固定物更加复杂。这一切能够得以实现，要归功于科沃斯自2020年开始便在App端应用的3D地图功能。

数字技术不仅消除了产品与消费者的距离感，还将产品共创的方式延伸到了消费者端，引发业务增长方式的本质变化。产品的功能、设计与改进不再只是专家、工程师和咨询顾问的特权，消费者通过数据授权，已经参与到产品的共创之中。

当规模庞大的服务机器人产生了海量的数据之后，科沃斯将原先分立的各个相关部门进行整合，将包括IoT、语音交互业务在内的云服务部门和App开发设计部门整合成为互联网技术中心，加强彼此之间的合作。

互联网技术中心的职责是把数据连起来、管起来、用起来，一方面将分析整理后的数据反馈至相关部门，做产品改进之用，另一方面据此构建未来千人千面的数字服务场景。在企业向数字化转型的过程中，硬件是躯体，软件才是企业服务意识的体现。

从目前的数据来看，科沃斯从中发现了不少有趣的消费者洞察。

扫地机器人清扫的高峰时段是早晨9点，次高峰是在晚上6点和8点这两个时段。可以推断，人们习惯于在上班后清洁房间，或者下班后清洁房间。也有人会选择早一次晚一次的清扫。当扫地机在晚间清扫时，消费者通常会选择低噪声模式。

在养宠物的家庭中，有人会隔几小时就让扫地机器人巡逻一番，看看"毛孩子"有没有打翻东西，以便及时清洁。消费者会特别关注"毛孩子"窝周边的清洁情况，巡视到这里时，会采用大吸力模式来清洁毛发。

扫地机器人有了视觉和语音功能之后，消费者自己也会开发出一些独特的用法。有人把扫地机器人当成移动监控器，用它时不时地查看年迈父母的居家状况。很多老人不习惯使用手机，子女便通过扫地机器人与老人视频通话。也有消费者会把扫地机器人当成聊天对象，问东问西还有吵架拌嘴的。显然，消费者体会到了更简单、更自然、更轻松的交互过程，人与机器的融合度在不断提升。

在提升消费者体验的过程中，有一些令工程师头疼的问题是需要数据积累才能攻克的。中国方言的特点是"十里不同音，百里不同语"，哪怕是像"凳子"这样的物体，不同地域也有不同的表达方法，更不要说口音了。

人工智能对方言的学习和理解需要足够的数据量来支撑。因此，谁先拥有数据洞察，谁就有可能在产品服务和用户体验上建立全新的竞争优势。如今的体验已经进入如此细致入微，却又如此至关重要的地带，如果不是以联网为基础，用户体验的升级是很难快速实现的。

随着扫地机器人智能化程度的深入，用户也越来越关注智能产品是否符合法规要求，能否有效保证用户的数据安全。

为此，科沃斯产品从芯片、系统、网络等层面提供端到端全维度的数据安全保障，经过国际独立第三方认证机构德国莱茵 TÜV 集团多达 200 多项的渗透测试，科沃斯 DEEBOT X1 系列扫地机器人及其软件服务端获得了个人隐私保护认证证书。这是全球首批产品及软件服务同时取得 TÜV 莱茵个人隐私保护认证的扫地机器人。

虽然扫地机器人对人工智能技术的应用不是革命性的，但却与工程经验和数据积累有很大的关系。科沃斯在业界率先尝试人工智能，这不仅仅是出于技术和体验的考虑，也是对数字时代竞争规则的认知——哪怕在技术上领先竞争对手半个身位，也能让消费者明显感知到技术进步带来的成果。

第八章

面向未来

榫卯文化与企业使命

2022年10月，科沃斯接到一个来自美国沃尔玛的紧急订单，要求采购一批科沃斯的扫地机器人，并且要求12月初必须到货，准备"黑五"和圣诞季的促销。

通常情况下，一批货的正常交付时间是3到4个月，其中从中国到美国的海运物流就得两个多月。而科沃斯从接到订单、组织物料、生产制造，直至交付到沃尔玛指定的美国仓库，前后只用了一个半月，其中从中国工厂出货到沃尔玛的美国仓库只用了28天。

这次极端交付是对科沃斯敏捷性的一次大考，也是科沃斯在实施组织管理重塑后，各方协同能力的一次检验。

而其中，全球交付与服务中心展示了它的"超能力"，通过IT系统管理全球各区域的仓储、物流和配送。在响应客户需求时，中心可以调动研发、生产制造、供应商、物流等各个部门的资源，实现敏捷高效的运作，同时控制好供应链的成本。

2022年，钱程对科沃斯的组织架构进行了重组，一些有高度交集的业务部门进行合并,打破部门墙,让组织更加敏捷地应对外部的变化,其中一项是将原先的全球供应链管理中心与全球客服体验中心合并成为全球交付与服务中心(GFSC,以下简称"中心")。这个中心有三大职能,分别是全球计划、全球物流、全球售后服务,服务于科沃斯旗下的所有家用和商用机器人业务。科沃斯对组织架构的重组,是在尝试如何更有效率地应对业务发展的挑战,也承载着公司对未来全球化、多品类以及商用业务发展的期望。

该中心是贯穿公司前后端的枢纽部门,它像一根大动脉,连接着前端的研发、制造,也衔接着后端的销售、客服。沃尔玛的订单充分检验了中心整合后前后端衔接的流畅性。

科沃斯所追求的"重"资产模式,在"以客户为中心"的时代,反而成就了它的敏捷性和响应速度,特别是这几年,全球供应链经常受阻的情况下,在生产成本与供应链安全性的取舍中,许多企业开始加码后者。

如何大而敏捷,是组织壮大以后绕不开的课题。

创业初期,科沃斯凭借着创始人的商业嗅觉和个人魅力,在没有制造经验的情况下,闯过了生存阶段的考验。2021年,科沃斯已经成为销售额达百亿元规模的公司,这样的体量很难再凭借创始人的一己之力来驱动公司方方面面的管理改善,公司的业务增长质量开始有赖于人才、管理和流程。

当公司还是小团队时,领导者认识并且熟悉每一个成员,上令下达凭借的是彼此之间的默契。当公司发展至几千人的规模时，则需要通过建立共识，让每一个人理解组织的目标，从而达成行动的默契。

推动几千人朝着一个方向前进，有大量的工作细节和流程需要改进，有时改变的是人，有时改变的是做事方法，有时是重新选择生态链上的合作伙伴。

传奇CEO郭士纳为了让IBM这头大象跳舞，曾经对组织开展了手术式的变革。但他不是一味地裁减亏损部门，而是在有成长性的业务单元中，整合各部门的力量"集中精力干大事"。

海尔为了追求组织的敏捷性，采用"人单合一"的方式，将组织小微化，基于数字化设施，充分发挥互联网时代"零距离""去中心化"与"去中介化"的优势。

但无论是合并业务单元还是将组织小微化，都离不开"协同"。

"协同"是战略管理鼻祖伊戈尔·安索夫（Igor Ansoff）定义的公司战略的四大要素之一。它在经济学上的含义是，企业整体的价值有可能大于各部分价值的总和。例如，通过提高设备利用率、共用销售队伍或统一订货等手段，有可能使两个企业的成本都得到降低。在知识经验的分享上，也具有类似的效果。

"协同"二字，在科沃斯的语境体系中就是"榫卯文化"。

榫卯结构是中国古代发明的建筑和家具制作的独特工艺结构，它是凸出的榫头和凹进去的卯眼通过凹凸扣合，紧紧咬合在一起所形成的一种牢固结构。这种结构不仅能够承受较大的重量，其框架还具备一定的弹性空间，具有防震功能。钱程以榫卯结构来比喻组织协作的紧密性。

最初，钱程在研发部门的会议上首次提出"榫卯文化"概念，他的初衷是希望研发流程体现出榫卯特有的严丝合缝的紧密性，不用外力，不用钉子，也能足够牢靠紧密。此后，他在全公司推行"榫卯文化"，要求各部门之间紧密嵌合，而不是借助外部的"钉子"强行连接。他如此重视"榫卯文化"，这与科沃斯当前业务的复杂性是有必然联系的。

科沃斯目前向全球四大区域和国家出口，分别是欧洲、美洲、亚太（除日本）以及日本。产品品类从地宝向窗宝、沁宝延伸，并且很快会有割草机器人以及商用服务机器人。海外业务分为经销、直销和直营等多种模式，全球各区域都设有仓储、物流和配送。

科沃斯在不断突破产品和服务的边界时，业务单元随之分化，在分化的过程中，员工原本清晰的分工变得模糊，组织的分层也变得模糊。在科沃斯内部，数字业务从传统的制造业务中分化出来，互联网电商业务从传统的线下销售中分化出来，为消费者提供App服务的部门从后台数据分析的职能，向前端客户体验的方向延伸。当云、IoT、人工智能等新技术出现时，不同的数字业务单元又被聚合到了一起。在分与合之中，科沃斯在不断地尝试能够提高组织运行效率，产生协同效应的管理方式，目标就是为了保持团队清晰的分工与协作，让公司具备专注力和动力。

像自然界的规律那样，物种在发展中会不断地分化，由分化而创造出新物种。每当一个阶段的演化完成后，组织就会出现老化的迹象。"老化"组织的一个表现是，原本彼此适应的环节开始脱钩。管理者要针对环境的变化，及时拆装"榫卯"，调整那些无法适应环境变化的业务。

随着对"榫卯文化"的深入理解，钱程逐渐认识到，不仅组织要像榫卯那样紧密，产品也要像榫卯那般精巧，成为流传久远的工业艺术品。榫卯是中国工匠精神的象征，员工也应该从中国的工匠精神中汲取营养。

从团队到产品，"榫卯文化"的实质就是：紧密的团队才有精密的产品。优秀产品是一群人合作创造的产物，如果企业无法做出一流的产品，那是因为在内部的管理流程上，团队的配合度还没有做到像榫卯这般的紧密。

在推行"榫卯文化"时，心理学和社会学专业出身的钱程清楚，企业治理是不能单纯依靠人的主观能动性的，还需要借助现代化的管理工具。他认为，科沃斯目前是在借助传统的"手艺"来弥补现代化管理工具的缺失。简单来说，"就是一群手艺人缺乏足够好的工具，那公司就要提供这些工具"。信息化工具的作用是让每个人清楚自己的目标，了解自己和团队的工作进展和交付时间，保证信息畅通无阻。

科沃斯在企业内部，靠"榫卯文化"来加强协同能力的同时，也需要加强与外部的协同。而对于外部协同，钱程借用的是"引力"的概念。

在万有引力公式中,引力的强弱取决于物体的质量和距离。一家公司有没有能力对生态中的合作伙伴产生引力,自身的"质量"是一个重要决定因素。

苹果公司能对全球供应链伙伴产生影响,是因为它拥有足够的"质量",由"质量"而产生了引力,使得人人都想加入它的生态圈。

科沃斯随着"质量"的增加,也会对生态圈合作伙伴产生引力,这是自然而然发生的。钱程认为,影响力(引力)是急不来的,也是求不来的,它是由物理规律决定的。

当企业往前发展时,就会突破现有的生态平衡,来到一个全新的领地。向上突破时,企业的"质量"不一定会变大,反而有时会因为针对新兴市场的技术不够成熟,"质量"可能会变小。因此,向上突破的过程需要一路吸收他人的思想和能量,而钱程作为管理者,他始终警惕的是,科沃斯有没有能力持续保持品牌的"引力"。

在推行"榫卯文化"的过程中,管理层思考的是,在当下的发展环境中,企业的使命与愿景是否能够继续激励员工的成就感,能否让消费者认同科沃斯所创造的价值。

每一家伟大公司的背后都有一个凝聚员工、激励人心的使命与愿景。它是组织的身份标签,关乎对自身价值的定位,关乎为什么而出发。它是组织凝聚人心的故事体系,集全体之力实现梦想，共同成为奇迹的创造者。

使命和愿景不是简单的书面文字工作，而是帮助人们在日常工作中可以时时回到企业创立时的初心和原点，同时又能够向前看，去理解我们为什么可以带来大至世界、中至社会、小至社区的改变。例如：

谷歌的使命是整合全球信息，使人人皆可访问并能从中受益。

星巴克的使命是激发并孕育人文精神，每人，每杯，每个社区。

微软的使命是予力全球每一人，每一组织，成就不凡。

在探索中，钱程和管理团队学习研究了特斯拉、谷歌、华为等各家公司创立使命和愿景的方法，试图去理解一家公司何以伟大，是人心凝聚而造就的伟大，还是伟大造就了人心的凝聚。

2010年，科沃斯在地宝、沁宝等不同产品线建立之后，曾经提出"让机器人服务全球家庭"的使命和"智生活，享人生"的愿景。这一年，科沃斯的业务发生了重大的转变，全面转向家庭服务机器人产品的研发、生产和销售，并且逐步减少传统吸尘器产品的销售。

世易时移，到了2021年，科沃斯在服务机器人的产品线上有了极大的丰富度，业务场景也从家用开始往商用延伸。显然，"家庭"一词已经不合时宜。"智生活，享人生"的愿景在今天看来，似乎更像一条广告用语。

梳理出这一系列的变化后，2022年4月，科沃斯对使命和愿景进行了升级。

全新的使命是："让机器人，服务每个人"（Robotics for all）。

全新的愿景是：打造生活、生产、生态全场景的服务机器人，带给全人类智慧、便捷、人性化的崭新体验。

在这一使命和愿景之下，科沃斯品类多元化的方向变得清晰：依旧聚焦于机器人这个主题，但是开始往商用与家用并重的方向发展。公司不仅新增了商用清洁机器人，还增加了割草机器人，打造出生活、生产、生态全场景的服务机器人阵营。

明确使命和愿景的好处是，科沃斯向消费者、渠道合作伙伴、供应商、投资人都清晰地表达了公司在做什么，以及未来要走向哪里。它将凝聚起团队与合作伙伴的精气神，朝着同一个目标前行。

变革与重塑是科沃斯的常态，从人才到文化，从文化到行事方式，这一切变化的成果最终将体现在产品力上，体现在消费者使用产品的感知上。

2018年之前，钱程认为科沃斯看起来还不是一个那么有"质感"的品牌，但是在愿景的感召和指引下，科沃斯一路坚持下来，从聚焦国内市场到走向海外成为中国"全球化品牌50强"；从普通的吸尘器公司，到有口皆碑的家用机器人

榫卯文化与企业使命

1.
2.

1. 钱东奇指导生产小组进行目标模拟分解
2. 2022年，钱程与第一届管理培训生会上交流

品牌……在不断的改变中，科沃斯开始拥有了全球的身份证。虽然今天的科沃斯还没有完全达到钱程理想中的与众不同，但是在他的推动之下，变化从未停止。

达善社会

科沃斯机器人业务成长起来之后，科沃斯萌生了为社会做公益的想法，结合科沃斯的能力以及创始人对教育的热忱，科沃斯创办了一个公益性质的"机器人创想秀"大赛，为机器人爱好者、从业者和研究者提供一个展示创意的舞台。

钱东奇创业的灵感来自哈尔滨工业大学的一场机器人足球比赛。如果有更多的人通过大赛展示才华，或者从中找到创业的灵感，中国的机器人产业就会繁荣起来。

2014年夏天，科沃斯举办了第一届"机器人创想秀"大赛。大赛着重于创造力和想象力，比赛方向分为四个领域。"技术流"是根据选定的命题，创作智能机器人产品，最后以完成的机器人实物或操作系统参加比赛。"设计派"要用概念图清晰描述机器人产品的功能、用途、技术原理、设计理念、产品特点。"梦想家"可以脑洞大开，构想出目前技术无法实现的概念化产品。"创业咖"根据选定的主题领域，制定完整的商业策划书，以创业团队形式参赛。

第一届"机器人创想秀"大赛历时三个多月，收到有效作品288件。

来自西安电子科技大学学生设计的自主学习的皮影表演机器人,将古老的皮影艺术与机电一体化技术、计算机视觉技术结合起来,整体古朴又不失灵动,再现了精彩的皮影戏表演。

来自南京工程学院的同学们设计了一款名为"Soarer"的水下机器人,一共装有12个电机驱动,以保证机器人在水中行进的稳定性。摄像头会将水下的情况反馈到岸上的显示屏幕上,方便人们根据反馈上来的图像操控机器人。它可以进行多项实际打捞工作,包括识别船只、图像识别、船内探测、拾取杂物、探测水底微生物等。

最终,包括"多功能水中蛇形机器人""专属天使""自主学习的皮影表演机器人"等在内的9部作品,获得由机器人领域的专家、投资人组成的豪华评委阵容评选出的终极大奖。

2015年初,大赛一等奖团队飞赴美国,开始为期一周的"创想之旅"。他们走进好莱坞,参观《变形金刚》和《终结者》等机器人大片的拍摄现场,还去了机器人爱好者向往的卡耐基梅隆大学机器人研究中心,观看尖端的机器人实物和有关机器人的纪录影片。

钱东奇坚信机器人能够改变生活、改变世界,他从那些参加大赛的选手身上看到了自己的影子,这些年轻人对机器人充满着渴望和探索精神。从创想到创造的旅程中,他希望帮助这些年轻人把创想落地。

有了第一届大赛的经验之后,第二届"机器人创想秀"大赛引入创客、高校、相关行业平台、专业网站、行业媒体等合作伙伴。西安电子科技大学以"人体动作跟踪模仿机器人"获得一等奖,作品灵感来自一部机器人主题的科幻电影,讲述了机器人与人类共同生活的故事,其中机器人缺乏亲和力,让人感觉不自在,参赛选手希望通过体感动作模仿,打开人机交互的新局面。

第三届"机器人创想秀"大赛的规模更广,走进18座城市,进入43所高校,发掘了700多个科技团队,收集了1269组优秀作品。很多作品不但充满想象力,还考虑到了商业落地问题。

一等奖作品是宠物陪伴机器人Boni(伴侣),它融合了电子科技与物联网技术,设计者是江南大学设计学院一位大三学生。宠物陪伴机器人可以解决宠物在家无人照看的问题。Boni被设计成双轮不倒翁,通过食物储存机补充食物,作为奖励喂养宠物。还有远程视频观察、宠物互动逗趣等功能。大赛之后,获奖者决定沿着这条路创业,还获得了科沃斯给予的一笔无偿扶持资金。

受此启发,第四届"机器人创想秀"大赛增设了15万元的"梦想启动金",奖励给大赛的"创业咖"获奖者。

第五届"机器人创想秀"设置了一个主题加分项目——SLAM技术的应用。参赛选手的作品有图像追踪飞机,现场追踪一辆可遥控小车；有基于ROS系统的SLAM车，利用3D体感摄像头进行即时定位和地图构建、地图探索、目标追随，实现机器人根据周围环境变化，找出最优路径。大赛选手的设计思路与最新算法、机器人前沿技术结合在一起，为产业注入灵感。

钱东奇举办公益大赛的想法也由为爱好者提供展示的舞台，向成为机器人行业的硅谷转变，催生、孵化各种有价值的梦想。第四届大赛中已经有创业项目获得了融资。

钱东奇办赛育人的初衷得以实现。

2016年，钱东奇想将机器人教育向青少年普及，他以代表当时先进技术的机器人为主题，创办"创想科技馆"，同期成立博物馆运营部。博物馆展开多方向探索，为学生提供STEAM教育、机器人课程、STEAM智能硬件教育等，让科技馆成为政府、公益机构的科技公益窗口。

之后，钱东奇看到许多企业有学习参访的需求，决定以科沃斯和添可（科沃斯集团旗下另一个品牌）的创新模式为内核，与全国高校建立合作，提供不同的研学课程，帮助企业家和高管群体了解产业最新的发展趋势。

钱东奇是教育的受益者，在南京大学两度求学，彻底改变了命运。2022年，钱东奇以个人名义，捐赠4亿元，为母校庆生，在南京大学设立"雅辰科技教育发展基金"。该基金重点支持南京大学在生命科学、半导体学科等领域的科学研究、队伍建设，以及相关基础教育事业等。

美国"公益之父"、现代慈善的先行者安德鲁·卡耐基最知名的一句话是：在巨富中死去是一种耻辱。正是这句话，开启了一百多年前人们对于财富归宿的终极思考。思考的答案是：将它用于公众的福利事业。

今天，当我们回顾这句话时，能够真切地体会到，企业的成功来自社会，也必将回馈社会，通过公益慈善事业，它可以使一个家族、一个企业的精神得以绵延不绝。

走向星辰大海

达尔文在《物种起源》中，揭示了自然界物种从低级到高级，从简单到复杂的生命演化过程。

机器人作为人造物种，人类正在见证它的幼年期，等到机器人完成基本的演化，它的未来将向哪里去？科沃斯在"无人区"该怎么走？

"坦率地说，对于机器人的未来，我的灵感更多地来自历史。"钱程这样表述。对于一个熟稔历史的人来说，太阳底下没有新鲜事，历史不会重演，但总会惊人地相似。在"无人区"行进中，钱程会去寻找参照物，它们来自过往历史中一些相似的痕迹。今天人们热议的清洁能源革命，百年前以石油革命的形态出现；今天以电池为动力的特斯拉 Model 3，百年前是以燃烧汽油为动力的福特 T 型车。

从历史看未来，钱程认为机器人产业目前的状态恰恰类似于早期的汽车和个人电脑产业，未来满是希望，眼前仍是跌跌撞撞。科学研究的第一要务就是耐心。从经营企业的角度，做产品时必须回归消费者需求和技术发展，思考的是今天能不能做好这个产品，每天都以这样的姿态前进。

这是耐心，也是决心与恒心，这段路没有尽头。

1936年，哲学家阿尔弗雷德·艾耶尔曾经提出一个心灵哲学的问题：我们怎么知道其他人曾有同样的体验？

这个问题放到21世纪的机器人公司，它的变体是：我们怎么知道机器人能够获得与它的主人同样的体验？

钱程认为，目前要达到理解人类基本要求的机器人至少需要具备三个标准：对动态环境的理解，自主决策的能力以及自主决策的行为。简言之，机器人要学会在变化的环境中做出判断，据此采取相应的行动。单这三件事就让技术变得足够复杂。

机器人还是一个高度综合的行业，包含有材料、机械、自动化、电气、电子、人工智能、大数据、仿生学等一系列基础学科，这些学科组合成一条完整的生态链，影响着机器人"类人"的体验。

今天的科沃斯站在时间的浪潮中，尽管会遇到产业发展中的诸多停滞点，但是这些不完满终将过去。机器人产业将随着新能源、太空探索、生命科学、元宇宙等新兴产业一同迈向未来。

机会之门已经洞开，只是选择的问题。

过去20年，在扫地机器人领域，科沃斯一直致力于解决和提升的是在空间、定位以及服务各方面的产品设计与产品体验。扫地机器人在空间中首先要对空间形态和边界有认知，要能在不同的环境中识别出自己的起点和终点，还要在不同的家庭环境中辨识出卧室、客厅、厨房等空间位置。传感器解决的是空间认知和测距，但没有办法帮助机器人理解场景，必须使用人工智能技术和摄像头相配合，有了"眼睛"才能了解场景，否则只能看到固体物的长宽高。

有了对环境的理解，服务才能成立，因为服务是在特定的空间和场景中提供的。

解决了"基本能力"之后，科沃斯在各种机会中，圈定了"3E"，即养老看护（Elderly Caring）、娱乐（Entertainment）和教育（Education），围绕着对服务有强需求的老人和儿童两类人群展开。

国家卫生健康委公布的数据显示，到2035年，中国60岁及以上老年人口将突破4亿人。这些老年人是数字时代的公民，在养老的场景下，机器人将帮助或者替代护工照料老人，改善第三产业的服务能力。

娱乐是儿童的天性，娱乐机器人将起到陪伴孩子的作用。中国父母对儿童的教育也是最上心的。语音人工智能技术已经成熟，机器人可以互动的方式，陪伴孩子学知识、学语言，帮助父母节省辅导的时间。

养老看护、娱乐和教育在本质上都是服务业。但科沃斯思考的是，采用怎样的方式才是机器人服务人？"服务"一词的真实含义究竟是什么？

钱程认为，人们在家中接触到的服务业是以不同的形态出现的，服务业的电子化是形态之一，线上教育是这一形态的代表。

2022年，科沃斯将"让机器人服务全球家庭"的使命修改为"让机器人，服务每个人"之后，钱程未来希望看到的是，服务机器人以不同的形态存在于生活的方方面面。家庭中有机器人相伴，工作中有机器人伙伴，公共空间也有机器人做伴。钱程说："我觉得那是很有意思的场景，这是我对未来的想象。"

写在最后

从2019年开始，"卡脖子"三个字不断出现在公众的视野中。不知不觉中，人们在掂量一家企业的价值时，会用"硬科技"三个字来衡量。"硬科技"是指那些需要长期研发投入、持续积累的高精尖原创核心技术。

中国企业在早年的发展中，走的多是"贸工技"之路。企业究竟该走"贸工技"之路，还是"技工贸"之路，最有名的争议莫过于联想集团的"柳倪之争"。1994年前后，在联想集团担任总工程师的倪光南决心创造新的技术制高点，寻求芯片技术上的突破，而柳传志则希望专注于电脑组装生产线，以贸易为先。

这段争议留给后人的联想是：如果当年倪光南获胜，如今中国的芯片产业又将怎样？

然而，企业发展就像经济发展，它们无法在实验室中模拟。当年的一个决策，或许要等到10年、20年之后才能见分晓。

中国在经济起步阶段，依靠人口红利和制造成本优势来承接其他国家转移而来的低端制造业，这是由历史发展阶段所决定的。很难说柳传志当年的决策是对还是错，毕竟每一家企业都是时代的企业。

自改革开放以来，中国经济相继经历了生产要素导向和投资导向的发展阶段，由此，中国企业的发展呈现出明显的阶段性特征。

第一阶段以海尔、美的、格兰仕等制造企业为代表。它们从引进、借鉴国外成熟的技术和产品起步，依靠国内外技术差距带来的技术红利，填补了国内市场空白，找到了企业的立足空间。当年，以"可怕的顺德人"为代表的一批广东民营企业，在中国市场以巨大的成本优势从外资品牌手中抢下市场份额，至今在商业案例中，人们依然能记得格兰仕微波炉史诗般的价格战。

然而，价格战与低成本，带给中国企业的是"双刃剑"。

很长一段时间以来,"中国制造"被贴上低质、廉价的标签。根据《产业竞争优势转型》一书记述:1985年,中国出口复杂程度较高的产品只有20种。随着中国加入WTO以及经济增长方式政策导向的转变,中国出口复杂产品的种类在2008年增至26种,2010年进一步提升至57种。但这一指标依然远低于发达国家的水平。

随着中国人口红利的消失以及传统消费市场的逐渐饱和,中国的经济发展也到了转折点,依靠生产要素和投资拉动经济增长的作用在减弱,先发国家的发展规律已经显示,科技创新将是驱动经济增长的主要动力。

及至中国经济发展转向提质增效阶段,以华为为代表的一批中国企业走向了第二个发展阶段。它们在消化、吸收国外成熟技术之后,开始转向自主创新,并且在本专业领域开始引领全球的技术创新,走出了一条从借鉴到超越的道路。

第三阶段的企业是以科沃斯、大疆、比亚迪为代表的原生创新型企业,它们诞生于全新的产业领域。虽然科沃斯的前身泰怡凯以代工起家,但当创始人意识到代工的危机之后,以壮士断腕的决心与传统产业进行切割,全身心地投入新兴产业。

科沃斯所在的机器人领域被誉为"制造业皇冠上的明珠",其研发、制造、应用是衡量一个国家科技创新和高端制造业水平的重要标志。新一代信息技术、生物技术、新能源、新材料都能与机器人技术深度融合,而世界各主要工业发达国家均将机器人作为抢占科技产业竞争的前沿和焦点。

这些原生创新型企业已站在机遇的风口，但它们面临的挑战也是空前的——放眼全球，没有现成的经验和技术可资借鉴。它们必须依靠自主创新，在技术上、在商业转化上摸索出自己的发展之路。

好在这些新生代企业摒弃了初代企业低价竞争的发展模式，它们通过原创的先进技术来打造品牌影响力，获得品牌溢价，同时它们在人才发展、知识产权保护和企业管理等举措上积极融入国际规则体系，它们是中国的企业，也是贴有全球身份标签的企业。

如果说，第三阶段的企业是活得好，那么第四阶段的企业应该是活得长。科沃斯25年的故事仅仅是一个开始。细数国际高科技企业，有不少都是百余年的寿龄，它们穿越过大大小小的经济周期。桥水基金创始人瑞·达利欧（Ray Dalio）曾说，局部最优的选择，放在百年周期中不一定是最优。

科沃斯以及与它同时代的中国企业还很年轻，现在的发展成就也许只是"局部最优"。在面对周期问题时，中国企业年纪尚幼。历史不会重演，但总会惊人的相似，未来中国企业能否像全球优秀的长寿企业那样，孕育出基业长青的基因，这才是中国企业最值得浓墨重彩的一笔。

后　记

创始人精神

什么是创始人？

2011年，全世界的果粉最终没能等来乔布斯站在苹果发布会的舞台之上神情自若地宣布苹果激动人心的产品。当年10月5日，就在苹果秋季发布会结束后的第二天，乔布斯卸下他的重任，离开了这个世界，却给这个世界留下了精彩。

虽然乔布斯不在了，但是苹果公司还在，那句"改变世界"的宣言，也成为人类共同的精神遗产。

从做出最好的产品到改变世界，创始人把他的个人愿景变成了一群人的共同愿景，让人们相信，梦想是可以成真的。

这就是创始人身上独具的魅力，也被誉为"创始人精神"。

不少优秀的企业创始人，他们在创业之初思考的是：我能不能改变行业的某一个现状？而自然界的剧变往往就来自微末处的一点改变。

优秀的创始人在仰望星空之际,也能脚踏实地。

埃隆·马斯克在奔赴火星的路上,会执着地要求工程师去除电动汽车中的某个零部件;乔布斯在洞察整个消费电子产业发展的宏观图景时,会偏执地对手机中一个按键的设计大发雷霆。

钱东奇具有同样的特质。他在代工产业的大潮中,并没有被快钱所迷惑,而是以断点跳跃的方式,在没有现成市场、没有财务回报验证的情况下,突破性地一头撞入"扫地机器人"领域,这在当时全球都是一片空白。他在奔赴梦想之际,也能对技术细节提出改进,精准地预言未来十年的技术发展路径。

这些创始人孤身出发之时,几乎都是两手空空。为什么会有那么多的人被感召而来,凝聚在他们的身旁?创始人精神究竟具有怎样的魔力,可以让"相信"二字点石成金?

哈佛商学院教授克里斯·祖克(Chris Zook)曾经带着这样的疑惑去探寻创始人精神。一路探索下来,他总结了创始人精神的三个特征,分别是新生势力具有的使命感、重视一线业务和主人翁精神。

此后,克里斯·祖克在《创始人精神》一书中对创始人精神做出了更为精辟的阐述:人们的关注重点放在了与领导层和股东利益保持一致,有时候会导致一种既得利益者的心态。这种心态是担忧衰退,是仅仅关注从现有业务中提取价值,但是却丢失了创新动力,不再为客户提供独特服务或充分重视一线员工。这是可持续增长的一个主要障碍。但是创始人精神可以帮助企业避免这种情况。

一位优秀的创始人有时是不看股东脸色的，他们关注的是商业发展中的根本性问题。亚马逊创始人杰夫·贝佐斯在第一封致股东信中说，一切围绕长期价值展开（It's All About Long Term）；马斯克思考问题时主张的是"第一性原理"；星巴克创始人创立企业的目的是基于父亲所遭受的不公正待遇，他要为员工提供一个受人尊重的成长发展空间，首先对员工好，员工才能对顾客好；强生公司创始人在信条中要求把病人、医生和护士放在首位，把对全体股东的负责放在了对病患医生负责、对员工负责、对社会负责之后。

虽然每位创始人在思考创业初心时的表达方法不同，但都是在用最纯粹的方式洞察问题的本质——做企业需要认同感。而这种认同感来自创始人的所言所行，年深日久，通过创始人的影响力，不自觉地成为组织上下的共识。

钱程从父亲手中接过公司时，父亲的创业精神在前，他对吃苦早有心理准备。但他要做的不是复制粘贴父亲的思想，而是发挥自己的创业者精神，重塑组织，创造新物种，把公司带向全球化。

创造一个敏捷高效、充满活力的组织与创造新物种是具有同等挑战性的事。华为的治理模式成为华为公司的副产品，宝洁、可口可乐的营销理念亦是商界的工具箱，与它们的产品一样令人称道。

在使命感的驱动下，钱程将"让机器人服务全球家庭"，扩大为"让机器人，服务每个人"，他要继承，更要超越，闯入近乎空白的商用服务机器人市场，通过开发新技术、创造新模式来体现自己的价值。到目前为止，全球还没有一家能够走出多品类，且横跨家用和商用机器人产品线的企业，科沃斯要争第一。

钱程又是专注的。他认为，那些不能把产业跑通的人，都不是真正对机器人产业未来有想法的人。有些品牌什么产业火就做什么，扫地机器人只是其中的业务板块之一。钱程的底气来自在行业中十余年的沉淀，他从一个电商的岗位做起，每一天都在感受行业的变化，思考行业的未来。克里斯所说的重视一线业务就体现在他每日的行动和思考之中，做产业决策时，他才能够见微知著。

一个概念被包装之后，总是光鲜夺目的。企业家的所思所想被包装成"创始人精神"这五个字时，宛如披上了一副铠甲，而揭开这层铠甲，内里却是无数的反思、痛苦与焦虑。

企业创始人的艰难，好比古希腊神话中那个惹怒了众神，被罚每天推着巨石上山的西西弗斯。日常工作中有无数的细节会磨去一个人的激情，职业经理人可以因激情的耗尽而跳槽，但创始人就是那个槽，他要对所有的不完美负责。

2023年，科沃斯已经25岁了。未来之路，道阻且长，唯愿你我勠力同心，让中国企业的创始人精神也能成为世界共有的精神财富。

图书在版编目（CIP）数据

竞逐全球：科沃斯机器人从中国制造到品牌创造的故事 / 钱丽娜著 . —上海：文汇出版社，2023.4
ISBN 978-7-5496-3963-2

Ⅰ. ①竞⋯ Ⅱ. ①钱⋯ Ⅲ. ①制造工业－产业发展－研究－中国 Ⅳ. ① F426.4

中国国家版本馆 CIP 数据核字（2023）第 018535 号

竞逐全球：科沃斯机器人从中国制造到品牌创造的故事

著　　者　钱丽娜
责任编辑　徐曙蕾
装帧设计　董红红

出版发行　文匯出版社
　　　　　上海市威海路755号
　　　　　（邮政编码200041）

照排　南京理工出版信息技术有限公司
印刷装订　上海颛辉印刷厂有限公司
版次　2023年4月第1版
印次　2023年4月第1次印刷
开本　640×960　1/16
字数　150千
印张　16.5（插页16）
印数　1-7000

ISBN 978-7-5496-3963-2
定价　68.00元